Jana Ganseforth

Wollowbies

Häkelminis feiern Weihnachten

WINTERWELT

Was soll diese Hektik? Dauernd laufen mir die Elfen mit Geschenkpapier zwischen die Beine. Da wird man ja ganz kirre im Geweih. Ach so, die zelebrieren wieder ihr Weihnachten. Na, dann mach ich mich lieber gleich auf den Weg nach Hause. Bin mit meinen alten Knochen leider nicht mehr der Flotteste. Letztes Jahr war ich so langsam, dass ich erst zu Ostern daheim ankam. Puh, da gab's Stunk von Frau Elch, das kann ich euch sagen.

Eberhardt Elch

Ich wohne:
Ich glaube, sie nennen es Schweden

Lieblings-Weihnachtsessen:
Was immer meine Frau zaubert

Mein größter Wunsch:
Einen Rollator

Die Feiertage verbringe ich:
Mit einem Schwips

Winter geht nicht ohne:
Eiszapfen am Geweih

Vorsätze fürs neue Jahr:
Zum Zahnarzt gehen

Schwierigkeitsgrad 2

Größe

ca. 9 cm hoch

Material

- Schachenmayr Bravo (LL 133 m/ 50 g) in Holz meliert (Fb 8197) und Leinen (Fb 8345), je 50 g
- Häkelnadel 3,0 mm
- 1 Paar Sicherheitsaugen in Schwarz, ø 6 mm
- Füllwatte, 20 g

Anleitung

Alle Teile, bis auf den Schwanz, in Spiralrd arb.

Kopf

1. Rd (Holz meliert): 6 fM in einen Fadenring arb.

2. Rd: Jede fM verdoppeln (= 12 fM).

3. Rd: Jede 2. fM verdoppeln (= 18 fM).

4. Rd: Jede 3. fM verdoppeln (= 24 fM).

5. Rd: Ohne Zunahmen fM häkeln.

6. Rd: Jede 4. fM verdoppeln (= 30 fM).

7.-10. Rd: Ohne Zunahmen fM häkeln.

11. Rd: Jede 4. und 5. fM zusammen abmaschen (= 24 fM).

12. Rd: Jede 3. und 4. fM zusammen abmaschen (= 18 fM).

13.-16. Rd: Ohne Abnahmen in Rd häkeln. Die Sicherheitsaugen mit 2-3 M Abstand zwischen der 13. und 14. Rd anbringen.

17. Rd: Jede 2. und 3. fM zusammen abmaschen (= 12 fM).

Den Kopf nun stopfen.

18. Rd: Je 2 fM zusammen abmaschen (= 6 fM).

Den Kopf beenden. Das Loch am oberen Ende mit dem Restfaden schließen.

Körper

1. Rd (Holz meliert): 6 fM in einen Fadenring arb.

2. Rd: Jede fM verdoppeln (= 12 fM).

3. Rd: Jede 2. fM verdoppeln (= 18 fM).

4. Rd: Jede 3. fM verdoppeln (= 24 fM).

5. Rd: Jede 4. fM verdoppeln (= 30 fM).

6. Rd: Jede 5. fM verdoppeln (= 36 fM).

7.-11. Rd: Ohne Zunahmen fM häkeln.

12. Rd: Jede 5. und 6. fM zusammen abmaschen (= 30 fM).

13. Rd: Jede 4. und 5. fM zusammen abmaschen (= 24 fM).

14. Rd: Jede 3. und 4. fM zusammen abmaschen (= 18 fM).

15. Rd: Jede 2. und 3. fM zusammen abmaschen (= 12 fM).

Den Körper beenden und stopfen.

Beine (4x)

1. Rd (Holz meliert): 6 fM in einen Fadenring arb.

2. Rd: Jede 2. fM verdoppeln (= 9 fM).

3.-6. Rd: Ohne Zunahmen fM häkeln.

Das Bein beenden und stopfen.

Ohren (2x)

1. Rd (Holz meliert): 4 fM in einen Fadenring arb.

2. Rd: Jede 2. fM verdoppeln (= 6 fM).

3.+4. Rd: Ohne Zunahmen fM häkeln.

Das Ohr beenden, nicht stopfen.

Geweih

Das Geweih besteht aus 2 Hälften mit jeweils 2 Teilen.

Teil 1 (pro Hälfte 1x)

1. Rd (Leinen): 6 fM in einen Fadenring arb.

2. Rd: Jede 2. fM verdoppeln (= 9 fM).

3.+4. Rd: Ohne Zunahmen fM häkeln.

5. Rd: 2 fM zusammen abmaschen, 7 fM (= 8 fM).

6. Rd: Ohne Abnahmen in Rd häkeln.

7. Rd: 2 fM zusammen abmaschen, 6 fM (= 7 fM).

8. Rd: Ohne Abnahmen in Rd häkeln.

9. Rd: 2 fM zusammen abmaschen, 5 fM (= 6 fM).

10. Rd: Ohne Abnahmen in Rd häkeln.

Teil 1 beenden und nicht stopfen, sondern flach drücken.

Teil 2 (pro Hälfte 1x)

1. Rd (Leinen): 6 fM in einen Fadenring arb.

2. Rd: Ohne Zunahmen fM häkeln.

Teil 2 beenden und nicht stopfen.

Schwanz

Mit Holz meliert 7 Lm anschl. Ab der 2. Lm ab Häkelnd 6 fM häkeln.

Den Schwanz beenden.

4 Fäden in Leinen à 5 cm durch das Ende des Schwanzes knüpfen.

Fertigstellen

Die Geweihteile zusammennähen. Teil 2 bei Teil 1 ca. auf Höhe der 5. Rd annähen. Die Ohren seitlich an den Kopf nähen. Die Geweihhälften zwischen den Ohren mit ca. 2 M Abstand zueinander auf den Kopf nähen.

Kopf und Körper zusammennähen. Die Beine unter den Körper nähen, sodass der Elch alleine stehen kann. Den Schwanz hinten auf den Körper nähen. In Leinen die Nüstern vorne auf den Kopf sticken.

Den Herzknopf mit farblich passendem Nähgarn am Po des Tieres annähen und ein Label nach Wahl daran befestigen.

Søren Schneemann

Ich wohne:
Im Iglu Nr. 4

Lieblings-Weihnachtsessen:
Möhren-Antipasti

Mein größter Wunsch:
Endlich die passende Schneefrau finden

Die Feiertage verbringe ich:
Auf Bali

Winter geht nicht ohne:
Ein gutes Buch am Lagerfeuer

Vorsätze fürs neue Jahr:
Surfen lernen

Schnee und schmelzen?
So ein Humbug. Ich wohne schon seit Jahren am Nordpol und hab noch nie einen Schneemann schmelzen sehen. Zugegeben, ich bin der Einzige meiner Art in dieser Gegend. Aber so ein unglaubwürdiges Gerücht veranlasst mich noch längst nicht dazu, meinen Strandurlaub zu stornieren. Obwohl ... ich rufe sicherheitshalber im Hotel an und reserviere mir eine Kühltruhe statt einem Strandkorb. Sicher ist sicher.

Schwierigkeitsgrad 1

Größe

ca. 15 cm hoch

Material

- » Schachenmayr Bravo (LL 133 m/ 50 g) in Weiß (Fb 8224), Schwarz (Fb 8226) und Kürbis (Fb 8192), je 50 g
- » Häkelnadel 3,0 mm
- » 1 Paar Sicherheitsaugen in Schwarz, Ø 6 mm
- » Füllwatte, 20 g
- » Stickgarn in Schwarz, Rest

Anleitung

Alle Teile in Spiralrd arb.

Kopf

1. Rd (Weiß): 6 fM in einen Fadenring arb.
2. Rd: Jede fM verdoppeln (= 12 fM).
3. Rd: Jede 2. fM verdoppeln (= 18 fM).
4. Rd: Jede 3. fM verdoppeln (= 24 fM).
5. Rd: Ohne Zunahmen fM häkeln.
6. Rd: Jede 4. fM verdoppeln (= 30 fM).
7.-10. Rd: Ohne Zunahmen fM häkeln.
11. Rd: Jede 4. und 5. fM zusammen abmaschen (= 24 fM).
12. Rd: Jede 3. und 4. fM zusammen abmaschen (= 18 fM).
13.-16. Rd: Ohne Abnahmen fM häkeln.
Die Sicherheitsaugen mit 2-3 M Abstand zwischen der 14. und 15. Rd anbringen.
17. Rd: Jede 2. und 3. fM zusammen abmaschen (= 12 fM).
Den Kopf nun stopfen.
18. Rd: Je 2 fM zusammen abmaschen (= 6 fM).
Den Kopf beenden. Das Loch am oberen Ende mit dem Restfaden schließen.

Große Körperkugel

1. Rd (Weiß): 6 fM in einen Fadenring arb.
2. Rd: Jede fM verdoppeln (= 12 fM).
3. Rd: Jede 2. fM verdoppeln (= 18 fM).
4. Rd: Jede 3. fM verdoppeln (= 24 fM).
5. Rd: Jede 4. fM verdoppeln (= 30 fM).
6. Rd: Jede 5. fM verdoppeln (= 36 fM).
7.-11. Rd: Ohne Zunahmen fM häkeln.
12. Rd: Jede 5. und 6. fM zusammen abmaschen (= 30 fM).
13. Rd: Jede 4. und 5. fM zusammen abmaschen (= 24 fM).
14. Rd: Jede 3. und 4. fM zusammen abmaschen (= 18 fM).
15. Rd: Jede 2. und 3. fM zusammen abmaschen (= 12 fM).
Die große Körperkugel beenden und stopfen.

Kleine Körperkugel

1. Rd (Weiß): 6 fM in einen Fadenring arb.
2. Rd: Jede fM verdoppeln (= 12 fM).
3. Rd: Jede 2. fM verdoppeln (= 18 fM).
4.-6. Rd: Ohne Zunahmen fM häkeln.

7. Rd: Jede 2. und 3. fM zusammen abmaschen (= 12 fM).
Die kleine Körperkugel beenden und stopfen.

Arme (2x)

1. Rd (Weiß): 6 fM in einen Fadenring arb.
2.-8. Rd: Ohne Zunahmen fM häkeln.
Den Arm beenden, nicht stopfen.

Nase

1. Rd (Kürbis): 4 fM in einen Fadenring arb.
2. Rd: Die 1. fM verdoppeln, 3 fM häkeln (= 5 fM).
3. Rd: Die 1. fM verdoppeln, 4 fM häkeln (= 6 fM).
4. Rd: Die 1. fM verdoppeln, 5 fM häkeln (= 7 fM).
5. Rd: Die 1. fM verdoppeln, 6 fM häkeln (= 8 fM).
6. Rd: Die 1. fM verdoppeln, 7 fM häkeln (= 9 fM).
Nase beenden und leicht stopfen.

Zylinder

1. Rd (Schwarz): 6 fM in einen Fadenring arb.
2. Rd: Jede fM verdoppeln (= 12 fM).
3. Rd: Jede 2. fM verdoppeln (= 18 fM).
4. Rd: Jede 3. fM verdoppeln (= 24 fM).
5. Rd: 24 fM häkeln, dabei nur in die hinteren M-Teile einstechen.
6. Rd: Ohne Zunahmen fM häkeln.
7. Rd: Jede 7. und 8. fM zusammen abmaschen (= 21 fM).
8. Rd: Ohne Abnahmen fM häkeln.
9. Rd: Jede 6. und 7. fM zusammen abmaschen (= 18 fM).
10.+11. Rd: Ohne Abnahmen fM häkeln.
12. Rd: Jede M verdoppeln, dabei nur in die vorderen M-Teile einstechen (= 36 fM).
13. Rd: Ohne Zunahmen fM häkeln.
Den Zylinder beenden und stopfen.

Fertigstellen

Die kleine Körperkugel auf die große nähen. Den Kopf auf die kleine Körperkugel nähen. Den Zylinder oben auf den Kopf, die Nase vorne auf den unteren Bereich des Kopfes nähen. Die Arme seitlich an den Körper nähen. Mit Stickgarn den Mund auf den Kopf und die Knöpfe auf die kleine Körperkugel aufsticken.
Den Herzknopf mit farblich passendem Nähgarn an der Rückseite der großen Körperkugel annähen und ein Label nach Wahl daran befestigen.

Fabio Fuchs

und Pauli Polarfuchs

Ich wohne:
In der Parterrewohnung einer Fichte

Lieblings-Weihnachtsessen:
Brathähnchen … mmh

Mein größter Wunsch:
Neue Stricknadeln

Die Feiertage verbringe ich:
Wo's am schönsten ist – Zuhause!

Winter geht nicht ohne:
Schneeschippen

Vorsätze fürs neue Jahr:
Ordentlicher werden

Das war's. Bis Neujahr kriegt mich keiner mehr aus meinem Bau. Jetzt seh ich mich schon doppelt. Eventuell hatte ich ein paar Rumkugeln zu viel heute. Dass es zigtausend Wichtel und Elfen gibt, die sich alle zum Verwechseln ähneln, ist ja selbstverständlich. Aber jetzt läuft da draußen tatsächlich einer rum, der sieht aus wie ich. Naja, bis auf sein Fell, das schimmert blütenweiß. Hat vermutlich das falsche Shampoo benutzt. Ein weißer Fuchs. Lächerlich! Das Rot macht uns Füchse doch erst richtig fuchsig.

Schwierigkeitsgrad 2

Größe

ca. 9 cm hoch

Material

- Schachenmayr Bravo (LL 133 m/ 50 g) in Kürbis (Fb 8192), Schwarz (Fb 8226), Gras (Fb 8246), Ecru (Fb 8200) und Weiß (Fb 8224), je 50 g
- Häkelnadel 3,0 mm
- 1 Paar Sicherheitsaugen in Schwarz, ø 6 mm
- Füllwatte, 20 g
- Stickgarn in Schwarz, Rest

HINWEIS: Das angegebene Material reicht für beide Füchse.

Fuchs

Alle Teile, bis auf den Schal, in Spiralrd arb.

Kopf

1. Rd (Kürbis): 6 fM in einen Fadenring arb.
2. Rd: Jede fM verdoppeln (= 12 fM).
3. Rd: Jede 2. fM verdoppeln (= 18 fM).
4. Rd: Jede 3. fM verdoppeln (= 24 fM).
5. Rd: Ohne Zunahmen fM häkeln.
6. Rd: Jede 4. fM verdoppeln (= 30 fM).
7.-10. Rd: Ohne Zunahmen fM häkeln.
11. Rd: Jede 4. und 5. fM zusammen abmaschen (= 24 fM).
12. Rd: Jede 3. und 4. fM zusammen abmaschen (= 18 fM).
Die Sicherheitsaugen mit 2-3 M Abstand zwischen der 12. und 13. Rd anbringen.
13.+14. Rd: Ohne Abnahmen in Rd häkeln.
15. Rd (Weiß): Jede 5. und 6. fM zusammen abmaschen (= 15 fM).
16. Rd: Jede 2. und 3. fM zusammen abmaschen (= 12 fM).
Den Kopf nun stopfen.
17. Rd: Jede 3. und 4. fM zusammen abmaschen (= 9 fM).
18. Rd: Je 2 fM zusammen abmaschen (= 6 fM).
Den restlichen Kopf nun stopfen. Den Kopf beenden. Das Loch am oberen Ende mit dem Restfaden schließen.

Ohren (2x)

1. Rd (Schwarz): 6 fM in einen Fadenring arb.
2. Rd: Jede 2. fM verdoppeln (= 9 fM).
3. Rd (Kürbis): Jede 3. fM verdoppeln (= 12 fM).
4. Rd: Ohne Zunahmen fM häkeln.
5. Rd: Jede 4. fM verdoppeln (= 15 fM).
Das Ohr beenden und nicht stopfen, sondern flach drücken.

Körper

1. Rd (Kürbis): 6 fM in einen Fadenring arb.
2. Rd: Jede fM verdoppeln (= 12 fM).
3. Rd: Jede 2. fM verdoppeln (= 18 fM).
4. Rd: Jede 3. fM verdoppeln (= 24 fM).
5. Rd: Jede 4. fM verdoppeln (= 30 fM).
6. Rd: Jede 5. fM verdoppeln (= 36 fM).
7.-11. Rd: Ohne Zunahmen fM häkeln.

12. Rd: Jede 5. und 6. fM zusammen abmaschen (= 30 fM).
13. Rd: Jede 4. und 5. fM zusammen abmaschen (= 24 fM).
14. Rd: Jede 3. und 4. fM zusammen abmaschen (= 18 fM).
15. Rd: Jede 2. und 3. fM zusammen abmaschen (= 12 fM).
Den Körper beenden und stopfen.

Beine (4x)

1. Rd (Schwarz): 6 fM in einen Fadenring arb.
2. Rd: Jede 2. fM verdoppeln (= 9 fM).
3.-6. Rd (Kürbis): Ohne Zunahmen fM häkeln.
Bein beenden und stopfen.

Schwanz

1. Rd (Weiß): 4 fM in einen Fadenring arb.
2. Rd: Jede 2. fM verdoppeln (= 6 fM).
3. Rd: Jede 2. fM verdoppeln (= 9 fM).
4. Rd: Jede 3. fM verdoppeln (= 12 fM).
5. Rd: Jede 4. fM verdoppeln (= 15 fM).
6. Rd: Jede 5. fM verdoppeln (= 18 fM).
7. Rd: Ohne Zunahmen fM häkeln.
8.-11. Rd (Kürbis): Ohne Zunahmen fM häkeln.
12. Rd: Jede 2. und 3. fM zusammen abmaschen (= 12 fM).
13.+14. Rd: Ohne Abnahmen in Rd häkeln.
Den Schwanz beenden und stopfen.

Schal

In Weiß 61 Lm anschl, dann mit Gras ab der 2. Lm ab Häkelnd 60 fM auf die Lm-Kette häkeln.
An jedem Schalende 4 Fäden à 5 cm einknüpfen.

Fertigstellen

Kopf und Körper zusammennähen. Ohren zur Hälfte falten, dann halbrund oberhalb der Augen auf den Kopf nähen. Beine unter den Körper nähen. Den Schwanz hinten an den Körper nähen. Mit schwarzem Stickgarn die Nase aufsticken. Den Schal umbinden.
Den Herzknopf mit farblich passendem Nähgarn am Po des Tieres annähen und ein Label nach Wahl daran befestigen.

Polarfuchs

Er wird fast genauso gehäkelt wie der Fuchs mit folgenden kleinen Änderungen:

- Den Körper in Weiß statt in Kürbis häkeln.
- Beim Kopf in der 15. Rd zu Ecru wechseln.
- Beim Schwanz mit Schwarz beginnen und bereits in der 3. Rd zu Weiß wechseln.
- Hier keinen Schal häkeln.

Das ist doch albern. Warum willige ich jedes Mal aufs Neue ein, bei diesem Spektakel mitzuwirken? Und das nur, weil ich eine Schneeeule bin. Dabei sag ich es dem Weihnachtsmann und den Wichteln jedes Jahr: Ich will an Weihnachten meine Ruhe. Bisher hab ich noch immer brav mitgespielt bei diesem Feierwahn, aber das ist wirklich zu viel: Nehmt mir sofort diese lächerliche Häkelmütze vom Kopf!

Sephora Schneeeule

Ich wohne:
Auf einem absteigenden Tannenast

Lieblings-Weihnachtsessen:
Weiße Mäuse … die aus Schaumzucker

Mein größter Wunsch:
Weihnachten verschlafen

Die Feiertage verbringe ich:
Mit dem Gesang stimmungsvoller Schu-Hus

Winter geht nicht ohne:
Wollpulli

Vorsätze fürs neue Jahr:
Öfter Skifahren

Schwierigkeitsgrad 2

Größe

ca. 12 cm hoch

Material

- Schachenmayr Bravo (LL 133 m/ 50 g) in Weiß (Fb 8224), Beige (Fb 8312), Mittelgrau meliert (Fb 8319), Feuer (Fb 8221), Ecru (Fb 8200) und Gelb (Fb 8210), je 50 g
- Häkelnadel 3,0 mm
- 1 Paar Sicherheitsaugen in Schwarz, ø 6 mm
- Füllwatte, 20 g

Anleitung

Alle Teile in Spiralrd arb.

Körper und Kopf

1. Rd (Weiß): 6 fM in einen Fadenring arb.

2. Rd: Jede fM verdoppeln (= 12 fM).

3. Rd: Jede 2. fM verdoppeln (= 18 fM).

4. Rd: Jede 3. fM verdoppeln (= 24 fM).

5. Rd: Jede 4. fM verdoppeln (= 30 fM).

6. Rd: Jede 10. fM verdoppeln (= 33 fM).

7. Rd: Jede 11. fM verdoppeln (= 36 fM).

8.-12. Rd: Ohne Zunahmen fM häkeln.

13. Rd: Jede 11. und 12. fM zusammen abmaschen (= 33 fM).

14. Rd: Jede 10. und 11. fM zusammen abmaschen (= 30 fM).

15. Rd: Ohne Abnahmen fM häkeln.

16. Rd: Jede 9. und 10. fM zusammen abmaschen (= 27 fM).

17. Rd: Ohne Abnahmen fM häkeln.

18. Rd: Jede 8. und 9. fM zusammen abmaschen (= 24 fM).

19.-21. Rd: Ohne Abnahmen fM häkeln.

22. Rd: Jede 7. und 8. fM zusammen abmaschen (= 21 fM).

23. Rd: Jede 6. und 7. fM zusammen abmaschen (= 18 fM).

Den Körper nun fest stopfen.

24. Rd: Jede 2. und 3. fM zusammen abmaschen (= 12 fM).

25. Rd: Je 2 fM zusammen abmaschen (= 6 fM).

Den restlichen Körper nun stopfen. Den Körper beenden, das Loch mit dem Faden schließen.

Flügel (2x)

1. Rd (Mittelgrau): 6 fM in einen Fadenring arb.

2. Rd: Jede fM verdoppeln (= 12 fM).

3. Rd: Ohne Zunahmen fM häkeln.

4. Rd: Jede 2. fM verdoppeln (= 18 fM).

5.+6. Rd (Weiß): Ohne Zunahmen fM häkeln.

7. Rd: Jede 5. und 6. fM zusammen abmaschen (= 15 fM).

8.+9. Rd: Ohne Abnahmen fM häkeln.

10. Rd: Jede 4. und 5. fM zusammen abmaschen (= 12 fM).

11.+12. Rd: Ohne Abnahmen fM häkeln.

Den Flügel beenden, nicht stopfen. Flach drücken.

Augen (2x)

1. Rd (Ecru): 6 fM in einen Fadenring arb.
2. Rd: Jede fM verdoppeln (= 12 fM).

Die Augen beenden. Nun die Sicherheitsaugen in eine fM zwischen der 1. und 2. Rd (nicht mittig!) einstechen und sichern.

Schnabel

1. Rd (Gelb): 4 fM in einen Fadenring arb.
2. Rd: Jede 2. fM verdoppeln (= 6 fM).
3. Rd: Jede 3. fM verdoppeln (= 8 fM).

Den Schnabel beenden, nicht stopfen.

Ohren (2x)

1. Rd (Weiß): 5 fM in einen Fadenring arb.
2. Rd: Jede fM verdoppeln (= 10 fM).
3. Rd: Jede 2. fM verdoppeln (= 15 fM).

Das Ohr beenden, nicht stopfen. Flach drücken.

Füße (2x)

Jeder Fuß besteht aus 3 Teilen.

Teil 1 (pro Fuß 1x)

1. Rd (Beige): 6 fM in einen Fadenring arb.

2.-9. Rd: Ohne Zunahmen fM häkeln.

Teil 1 beenden, nicht stopfen.

Teil 2 (pro Fuß 2x)

1. Rd (Beige): 6 fM in einen Fadenring arb.

2.-4. Rd: Ohne Zunahmen fM häkeln.

Teil 2 beenden, nicht stopfen.

Mütze

1. Rd (Feuer): 4 fM in einen Fadenring arb.

2.+3. Rd: Ohne Zunahmen fM häkeln.

4. Rd: Die 1. fM verdoppeln, 3 fM (= 5 fM).

5.+6. Rd: Ohne Zunahmen fM häkeln.

7. Rd: Die 1. fM verdoppeln, 4 fM (= 6 fM).

8.+9. Rd: Ohne Zunahmen fM häkeln.

10. Rd: Die 1. fM verdoppeln, 5 fM (= 7 fM).

11. Rd: Die 1. fM verdoppeln, 6 fM (= 8 fM).

12. Rd: Die 1. fM verdoppeln, 7 fM (= 9 fM).

13. Rd: Jede 3. fM verdoppeln (= 12 fM).

14. Rd (Ecru): Ohne Zunahmen fM häkeln.

15. Rd: 12 Km häkeln.

Die Mütze beenden, nicht stopfen.

Fertigstellen

Flügel flach drücken und seitlich an den Körper nähen. Ohren flach drücken und oben auf den Kopf nähen. Die Mütze zwischen den Ohren auf den Körper nähen. Die Augen vorne auf den oberen Körper nähen. Den Schnabel zwischen die Augen nähen.

Für jeden Fuß die beiden Teile 2 seitlich an die 4. und 5. Rd des Teils 1 nähen. Die Füße unter den Körper nähen. Mit einem langen Stück Mittelgrau meliert das Gefieder in V-Form auf den Körper sticken.

Den Herzknopf mit farblich passendem Nähgarn am Po des Tieres annähen und ein Label nach Wahl daran befestigen.

Ella Eichhörnchen

Ich wohne:
Zusammen mit meinen Haselnüssen

Lieblings-Weihnachtsessen:
Walnuss-Ragout

Mein größter Wunsch:
Einen Nussknacker

Die Feiertage verbringe ich:
Im Weihnachtsbaum meiner Omi

Winter geht nicht ohne:
Knabberzeugs

Vorsätze fürs neue Jahr:
Zettelsystem für meine Verstecke

Ganz sicher! Ich bin mir ganz sicher, dass sie hier waren. Oder? Was mach ich, wenn jemand sie gestohlen oder – noch schlimmer – alle aufgefuttert hat? Wehe, den mach ich mit meinen Karate-Kniffen zur Schnecke. Einfach meine mühsam zusammengesuchten Haselnüsse zu fressen. Dir zeig ich's! Wo versteckst Du Dich, Nussdieb? Meine Krallen sind gefährlicher als … ach, guck an! Gefunden! Hatten sich die ganze Zeit in meinem buschigen Schwanz versteckt.

Schwierigkeitsgrad 3

Größe

ca. 10 cm hoch

Material

» Schachenmayr Bravo (LL 133 m/ 50 g) in Kürbis (Fb 8192) und Ecru (Fb 8200), je 50 g

» Häkelnadel 3,0 mm

» 1 Paar Sicherheitsaugen in Schwarz, ø 6 mm

» Füllwatte, 20 g

» Stickgarn in Schwarz, Rest

Schlaufenstich

Den Faden 1x umschlagen, in die nächste M einstechen, den Mittelfinger der linken Hand auf den Faden legen, den Faden über den Finger hinweg holen und durch die M und den U auf der Nd ziehen. Den Mittelfinger aus der Schlinge ziehen, den Faden errneut holen und durch die 2 restlichen Schlingen ziehen. In die letzte M der R 1 fM ohne Schlinge arb.

Anleitung

Alle Teile, bis auf die Innenohren, in Spiralrd arb.

Kopf

1. Rd (Kürbis): 6 fM in einen Fadenring arb.
2. Rd: Jede fM verdoppeln (= 12 fM).
3. Rd: Jede 2. fM verdoppeln (= 18 fM).
4. Rd: Jede 3. fM verdoppeln (= 24 fM).
5. Rd: Ohne Zunahmen fM häkeln.
6. Rd: Jede 4. fM verdoppeln (= 30 fM).
7.-10. Rd: Ohne Zunahmen fM häkeln.
11. Rd: Jede 4. und 5. fM zusammen abmaschen (= 24 fM).
12. Rd: Jede 3. und 4. fM zusammen abmaschen (= 18 fM).
Die Sicherheitsaugen mit 2-3 M Abstand zwischen der 12. und 13. Rd anbringen.
13.-16. Rd: Ohne Abnahmen in Rd häkeln.
17. Rd: Jede 2. und 3. fM zusammen abmaschen (= 12 fM).
Den Kopf nun stopfen.
18. Rd: Je 2 fM zusammen abmaschen (= 6 fM).
Den Kopf beenden. Das Loch am oberen Ende mit dem Restfaden schließen.

Ohren (2x)

1. Rd (Kürbis): 4 fM in einen Fadenring arb.
2. Rd: Jede 2. fM verdoppeln (= 6 fM).
3. Rd: Jede 3. fM verdoppeln (= 8 fM).
4. Rd: Die 1. fM verdoppeln, 7 fM häkeln (= 9 fM).
5. Rd: Jede 3. fM verdoppeln (= 12 fM).
6. Rd: Jede 4. fM verdoppeln (= 15 fM).
Das Ohr beenden. Nicht stopfen, sondern flach drücken.

Innenohr (2x)

In Ecru 2 Lm anschl.
1. R: In die 2. Lm ab Häkelnd 1 fM häkeln.
2. R: 1 Lm, fM verdoppeln (= 2 fM).
3. R: 1 Lm, jede fM verdoppeln (= 4 fM).
Das Innenohr beenden.

Körper

1. Rd (Kürbis): 6 fM in einen Fadenring arb.
2. Rd: Jede fM verdoppeln (= 12 fM).
3. Rd: Jede 2. fM verdoppeln (= 18 fM).
4. Rd: Jede 3. fM verdoppeln (= 24 fM).
5. Rd: Jede 4. fM verdoppeln (= 30 fM).
6. Rd: Jede 5. fM verdoppeln (= 36 fM).
7.-11. Rd: Ohne Zunahmen fM häkeln.
12. Rd: Jede 5. und 6. fM zusammen abmaschen (= 30 fM).
13. Rd: Jede 4. und 5. fM zusammen abmaschen (= 24 fM).
14. Rd: Jede 3. und 4. fM zusammen abmaschen (= 18 fM).
15. Rd: Jede 2. und 3. fM zusammen abmaschen (= 12 fM).
Den Körper beenden und stopfen.

Beine (2x)

1. Rd (Kürbis): 6 fM in einen Fadenring arb.
2. Rd: Jede 2. fM verdoppeln (= 9 fM).
3.-5. Rd: Ohne Zunahmen fM häkeln.
Das Bein beenden. Nicht stopfen, sondern flach drücken.

Arme (2x)

1. Rd (Kürbis): 6 fM in einen Fadenring arb.
2.-9. Rd: Ohne Zunahmen fM häkeln.
Den Arm beenden, nicht stopfen.

Bauch

1. Rd (Ecru): 6 fM in einen Fadenring arb.
2. Rd: Jede fM verdoppeln (= 12 fM).
3. Rd: Jede 2. fM verdoppeln (= 18 fM).
Den Bauch beenden.

Schwanz

Den Schwanz komplett im Schlaufenstich häkeln.

1. Rd (Kürbis): 6 M im Schlaufenstich in einen Fadenring arb.
2. Rd: Jede M verdoppeln (= 12 M).
3. Rd: Jede 2. M verdoppeln (= 18 M).
4. Rd: Jede 3. M verdoppeln (= 24 M).
5.-7. Rd: Ohne Zunahmen M im Schlaufenstich häkeln.
8. Rd: Jede 3. und 4. M zusammen abmaschen (= 18 M).
9.-11. Rd: Ohne Abnahmen in Rd häkeln.
12. Rd: Jede 2. und 3. M zusammen abmaschen (= 12 M).
13.-14. Rd: Ohne Abnahmen in Rd häkeln.
Den Schwanz beenden, nicht stopfen.

Fertigstellen

Kopf und Körper zusammennähen. Beine flach drücken und vorne an den Körper nähen. Arme seitlich an den Körper nähen. Bauch vorne auf den Körper nähen.
Innenohr auf Ohr nähen. Ohren auf den Kopf nähen. Mit Ecru 1 Faden durch die Ohrspitze knüpfen und zurechtstutzen. Schwanz hinten an den Körper nähen, dann hochklappen und mit ein paar Stichen hinten am Kopf fixieren. Mit schwarzem Stickgarn die Nase aufsticken. Den Herzknopf mit farblich passendem Nähgarn seitlich am Po des Tieres annähen und ein Label nach Wahl daran befestigen.

Winfried Wichtel

Ich wohne:
In einer WG mit 2.000 Wichteln

Lieblings-Weihnachtsessen:
Käsefondue

Mein größter Wunsch:
Einen neuen Tennisschläger

Die Feiertage verbringe ich:
Mit erholsamem Schlaf

Winter geht nicht ohne:
Geschenkestress

Vorsätze fürs neue Jahr:
Weniger arbeiten

Bei meinem Barte! Also, dass ich das noch erleben muss. Das kommt davon, wenn man zu viele Überstunden schuftet. Da arbeite ich schon so lange in dieser Branche, aber so was ist mir noch nie passiert. Bis heute. Hab ich mich doch versehentlich selbst als Geschenk verpackt. Ich hoffe, dass mich einer von den Elfen befreit, bevor ich in den Geschenkesack vom Weihnachtsmann plumpse. Ansonsten gibt's für ein Kind auf dieser Welt eine Überraschung mehr unterm Weihnachtsbaum – nämlich mich.

Schwierigkeitsgrad 3

Größe

ca. 15 cm hoch

Material

» Schachenmayr Bravo (LL 133 m/ 50 g) in Rosé (Fb 8206), Anis (Fb 8325), Gras (Fb 8246), Beige (Fb 8312) und Weiß (Fb 8224), je 50 g

» Häkelnadel 3,0 mm

» 1 Paar Sicherheitsaugen in Schwarz, ø 6 mm

» Füllwatte, 25 g

Anleitung

Alle Teile, bis auf den Bart, in Spiralrd arb.

Kopf

1. Rd (Rosé): 6 fM in einen Fadenring arb.
2. Rd: Jede fM verdoppeln (= 12 fM).
3. Rd: Jede 2. fM verdoppeln (= 18 fM).
4. Rd: Jede 3. fM verdoppeln (= 24 fM).
5. Rd: Ohne Zunahmen fM häkeln.
6. Rd: Jede 4. fM verdoppeln (= 30 fM).
7.-10. Rd: Ohne Zunahmen fM häkeln.
11. Rd: Jede 4. und 5. fM zusammen abmaschen (= 24 fM).
12. Rd: Jede 3. und 4. fM zusammen abmaschen (= 18 fM).
13.-16. Rd: Ohne Abnahmen fM häkeln.
Die Sicherheitsaugen mit 2-3 M Abstand zwischen der 13. und 14. Rd anbringen.
17. Rd: Jede 2. und 3. fM zusammen abmaschen (= 12 fM).
Den Kopf nun stopfen.
18. Rd: Je 2 fM zusammen abmaschen (= 6 fM).
Den Kopf beenden. Das Loch am oberen Ende mit dem Restfaden schließen.

Körper

1. Rd (Gras): 6 fM in einen Fadenring arb.
2. Rd: Jede fM verdoppeln (= 12 fM).
3. Rd: Jede 2. fM verdoppeln (= 18 fM).
4. Rd: Jede 3. fM verdoppeln (= 24 fM).
5. Rd: Jede 4. fM verdoppeln (= 30 fM).
6. Rd: Jede 5. fM verdoppeln (= 36 fM).
7.-11. Rd: Ohne Zunahmen fM häkeln.
12. Rd: Jede 5. und 6. fM zusammen abmaschen (= 30 fM).
13. Rd: Jede 4. und 5. fM zusammen abmaschen (= 24 fM).
14. Rd: Jede 3. und 4. fM zusammen abmaschen (= 18 fM).
15. Rd: Jede 2. und 3. fM zusammen abmaschen (= 12 fM).
Den Körper beenden und stopfen.

Arme (2x)

1. Rd (Rosé): 6 fM in einen Fadenring arb.
2.+3. Rd: Ohne Zunahmen fM häkeln.
4.-9. Rd (Gras): Ohne Zunahmen fM häkeln.
Den Arm beenden, nicht stopfen. Den Faden lang abschneiden.

Mütze

1. Rd (Anis): 6 fM in einen Fadenring arb.
2. Rd: Ohne Zunahmen fM häkeln.
3. Rd: Die 1. fM verdoppeln, 5 fM (= 7 fM).
4. Rd: Ohne Zunahmen fM häkeln.
5. Rd: Die 1. fM verdoppeln, 6 fM (= 8 fM).
6. Rd: Ohne Zunahmen fM häkeln.
7. Rd: Die 1. fM verdoppeln, 7 fM (= 9 fM).
8. Rd: Jede 3. fM verdoppeln (= 12 fM).
9. Rd: Jede 4. fM verdoppeln (= 15 fM).
10. Rd: Jede 5. fM verdoppeln (= 18 fM).
11. Rd: Jede 6. fM verdoppeln (= 21 fM).
12. Rd: Jede 7. fM verdoppeln (= 24 fM).
13. Rd: Jede 8. fM verdoppeln (= 27 fM).
14. Rd: Jede 9. fM verdoppeln (= 30 fM).
15. Rd: Jede 10. fM verdoppeln (= 33 fM).
16. Rd: Jede 11. fM verdoppeln (= 36 fM).
17. Rd: Jede 12. fM verdoppeln (= 39 fM).
Die Mütze beenden, nicht stopfen.

Füße (2x)

1. Rd (Beige): 6 fM in einen Fadenring arb.
2. Rd: Jede fM verdoppeln (= 12 fM).
3. Rd: Jede 2. fM verdoppeln (= 18 fM).
4.+5. Rd: Ohne Zunahmen fM häkeln.
6. Rd: Jede 2. und 3. fM zusammen abmaschen (= 12 fM).
7.+8. Rd: Ohne Abnahmen in Rd häkeln.
9. Rd: Je 2 fM zusammen abmaschen (= 6 fM).
10. Rd: Ohne Abnahmen in Rd häkeln.
Den Fuß beenden, nicht stopfen. Den Fuß flach drücken.

Bart

Jede 2. R im Schlaufenstich (siehe Seite 22) arb.
In Weiß 2 Lm anschl.
1. R: In die 2. Lm ab Häkelnd 1 fM.
2. R im Schlaufenstich: 1 Lm, die nächste fM verdoppeln (= 2 Schlaufen).
3. R: 1 Lm, jede M verdoppeln (= 4 fM).
4. R im Schlaufenstich: 1 Lm, die nächste fM verdoppeln, 2 M, die nächste fM verdoppeln (= 6 Schlaufen).
5. R: 1 Lm, die nächste M verdoppeln, 4 fM, die nächste M verdoppeln (= 8 fM).
6. R im Schlaufenstich: 1 Lm, die nächste fM verdoppeln, 6 M, die nächste fM verdoppeln (= 10 Schlaufen).
7. R: 1 Lm, die nächste M verdoppeln, 8 fM, die nächste M verdoppeln (= 12 fM).
8. R im Schlaufenstich: 1 Lm, die nächste fM verdoppeln, 10 M, die nächste fM verdoppeln (= 14 Schlaufen).
9. R: 1 Lm, die nächste M verdoppeln, 12 fM, die nächste M verdoppeln (= 16 fM).
10. R im Schlaufenstich: 1 Lm, die nächste fM verdoppeln, 14 M ,die nächste fM verdoppeln (= 18 Schlaufen).
11. R: 1 Lm, die nächste M verdoppeln, 16 fM, die nächste M verdoppeln (= 20 fM).
12. R im Schlaufenstich: 1 Lm, die nächste fM verdoppeln, 18 M, die nächste fM verdoppeln (= 22 Schlaufen).
Den Bart beenden. Die Schlaufen aufschneiden.

Fertigstellen

Nase aufsticken: In der Rd unter den Augen in die fM zwischen den Augen einstechen, in derselben Rd 2 fM daneben (= unter einem Auge) ausstechen. * In derselben Rd mit 4 M Abstand unter dem anderen Auge einstechen und in derselben M wie eben wieder ausstechen. Ab * so oft wdh, bis die Nase schön knubbelig ist.
Kopf und Körper zusammennähen. Die Arme seitlich an den Körper nähen. Die Füße so unter den Körper nähen, dass der Wichtel stehen kann. Mit einem langen Faden in Rosé die Nase zwischen die Augen sticken. Den Bart unterhalb der Nase an den Kopf nähen. Die Mülze auf den Kopf nähen.
Den Herzknopf mit farblich passendem Nähgarn am Po der Figur annähen und ein Label nach Wahl daran befestigen.

Huch, wie bin ich denn hier gelandet? Bin wohl wieder schlafgewandelt. Das passiert mir manchmal in der Vorweihnachtszeit. Dann schleiche ich leise wie eine Raubkatze in die Vorratshalle der Wichtel, und wenn ich aufwache, habe ich die Backen voller Obst, Walnüsse und anderer guter Sachen. Die Wichtel werden jedes Mal fuchsteufelswild vor Wut. Aber ich bin vollkommen unschuldig. Es liegt an diesem hundsgemeinen Weihnachtsschlafwandeln. Und daran, dass es hier an jeder Ecke nach Gebäck duftet. Yummy.

Elmar Eisbär

Ich wohne:
In einem Bett im Polareis

Lieblings-Weihnachtsessen:
Nur eins? Ihr seid doch verrückt!

Mein größter Wunsch:
Ein Glühweinstand am Nordpol

Die Feiertage verbringe ich:
Mit den Resten aus der Weihnachtsbäckerei

Winter geht nicht ohne:
Wärmflaschen an den Pfoten

Vorsätze fürs neue Jahr:
An meinem Sonnengruß arbeiten

Schwierigkeitsgrad 1

Größe

ca. 9 cm hoch

Material

- » Schachenmayr Bravo (LL 133 m/ 50 g) in Weiß (Fb 8224), Zitrone (Fb 8201), Royal (Fb 8211) und Schwarz (Fb 8226), je 50 g
- » Häkelnadel 3,0 mm
- » 1 Paar Sicherheitsaugen in Schwarz, ø 6 mm
- » Füllwatte, 20 g
- » Stickgarn in Schwarz, Rest

Anleitung

Alle Teile, bis auf den Schwanz, in Spiralrd arb.

Kopf und Körper

1. Rd (Weiß): 6 fM in einen Fadenring arb.

2. Rd: Jede fM verdoppeln (= 12 fM).

3. Rd: Jede 4. fM verdoppeln (= 15 fM).

4.+5. Rd: Ohne Zunahmen fM häkeln.

6. Rd: 6 fM, die nächsten 3 fM verdoppeln, 6 fM = (18 fM).

7. Rd: 6 fM, die nächsten 2 fM verdoppeln, 2 fM, die nächsten 2 fM verdoppeln, 6 fM (= 22 fM).

8. Rd: 6 fM, die nächsten 2 fM verdoppeln, 6 fM, die nächsten 2 fM verdoppeln, 6 fM (= 26 fM).

9. Rd: 8 fM, die nächsten 2 fM verdoppeln, 6 fM, die nächsten 2 fM verdoppeln, 8 fM (= 30 fM).

10.-13. Rd: Ohne Zunahmen fM häkeln.

Die Sicherheitsaugen in der 7. und 8. Rd jeweils hinter der 2. und vor der 3. Zunahme feststecken.

14. Rd: 10 fM, die nächste fM verdoppeln, 3 fM, die nächsten 2 fM verdoppeln, 3 fM, die nächste fM verdoppeln, 10 fM (= 34 fM).

15. Rd: 12 fM, die nächste fM verdoppeln, 8 fM, die nächste fM verdoppeln, 12 fM (= 36 fM).

16.-20. Rd: Ohne Zunahmen fM häkeln.

21. Rd: Jede 5. und 6. fM zusammen abmaschen (= 30 fM).

22. Rd: Ohne Abnahmen in Rd häkeln.

23. Rd: Jede 4. und 5. fM zusammen abmaschen (= 24 fM).

24. Rd: Ohne Abnahmen in Rd häkeln.

25. Rd: Jede 3. und 4. fM zusammen abmaschen (= 18 fM).

26. Rd: Jede 2. und 3. fM zusammen abmaschen (= 12 fM).

Den Körper und Kopf nun fest stopfen.

27. Rd: Je 2 fM zusammen abmaschen (= 6 fM).

Den Körper und Kopf beenden. Das Loch am hinteren Ende mit dem Restfaden schließen.

Mütze

1. Rd (Royal): 4 fM in einen Fadenring arb.
2. Rd: Ohne Zunahmen fM häkeln.
3. Rd: Die 1. fM verdoppeln, 3 fM (= 5 fM).
4. Rd (Zitrone): Ohne Zunahmen fM häkeln.
5. Rd: Die 1. fM verdoppeln, 4 fM (= 6 fM).
6. Rd (Royal): Ohne Zunahmen fM häkeln.
7. Rd: Jede fM verdoppeln (= 12 fM).
8. Rd: Ohne Zunahmen fM häkeln.
9. Rd (Zitrone): Jede 4. fM verdoppeln (= 15 fM).
10. Rd: Ohne Zunahmen fM häkeln.
11. Rd (Royal): Jede 5. fM verdoppeln (= 18 fM).
12.-13. Rd: Ohne Zunahmen fM häkeln.
Den blauen Faden abschneiden.
14. Rd (Zitrone): 18 Km häkeln.
Die Mütze beenden, nicht stopfen.

Fertigstellen

Die Beine fest stopfen und unter den Körper nähen. Den Schwanz hinten auf den Körper nähen.
Die Ohren erst zur Hälfte knicken, sodass ein Halbkreis entsteht. Dann noch einmal knicken, sodass ein Viertelkreis entsteht, und so halbrund oberhalb der Augen an den Körper nähen.
Die Mütze zwischen den Ohren auf den Kopf nähen. Mit schwarzem Stickgarn die Nase und die Schnauze aufsticken.
Den Herzknopf mit farblich passendem Nähgarn am Po des Tieres annähen und ein Label nach Wahl daran befestigen.

Ohren (2x)

1. Rd (Weiß): 6 fM in einen Fadenring arb.
2. Rd: Jede fM verdoppeln (= 12 fM).
3. Rd: Ohne Zunahmen fM häkeln.
Das Ohr beenden, nicht stopfen.

Beine (4x)

1. Rd (Weiß): 6 fM in einen Fadenring arb.
2. Rd: Jede 2. fM verdoppeln (= 9 fM).
3.-6. Rd: Ohne Zunahmen fM häkeln.
Das Bein beenden und fest stopfen.

Schwanz

In Weiß 9 Lm anschl. Ab der 2. fM ab Häkelnd 8 Km auf die Lm häkeln.
Den Schwanz beenden, dabei genug Faden zum Annähen lassen.
Den Schwanz nun einmal zur Hälfte falten und mit dem Faden zusammennähen.

Pia Pinguin

Ich wohne:
Mit meiner Big Band

Lieblings-Weihnachtsessen:
Egal ... Hauptsache es gibt Himbeerwassereis als Nachtisch

Mein größter Wunsch:
Ein Konzert geben

Die Feiertage verbringe ich:
Luftgitarre spielend

Winter geht nicht ohne:
Weihnachts-Blues ... oh yeah

Vorsätze fürs neue Jahr:
Mein Lampenfieber überwinden

Ach, wie leichtgläubig die Leute doch gelegentlich sind. Als ob ich mit diesen riesigen Ohrenwärmern herumlaufe, weil ich kalte Ohren hätte. Tse, hab ja nicht mal Ohren. In den Wärmern sind natürlich erstklassige Surround-Sound-Kopfhörer integriert. Mein Onkel Piet ist ein berühmter Salsatänzer und hat mir geraten, meine Flossen immer und überall mit Musik und Tanz warmzuhalten. Verratet ihm aber nicht, dass ich nur fetzigen Blues höre.

Schwierigkeitsgrad 1

Größe

ca. 10 cm hoch

Material

- Schachenmayr Bravo (LL 133 m/ 50 g) in Schwarz (Fb 8226), Weiß (Fb 8224), Gelb (Fb 8210), Atlantis (Fb 8328) und Dahlie (Fb 8307), je 50 g,
- Häkelnadel 3,0 mm
- 1 Paar Sicherheitsaugen in Schwarz, Ø 6 mm
- Füllwatte, 20 g

Anleitung

Alle Teile, bis auf die Bügel der Ohrenschützer, in Spiralrd arb.

Kopf

1. Rd (Schwarz): 6 fM in einen Fadenring arb.
2. Rd: Jede fM verdoppeln (= 12 fM).
3. Rd: Jede 2. fM verdoppeln (= 18 fM).
4. Rd: Jede 3. fM verdoppeln (= 24 fM).
5. Rd: Jede 8. fM verdoppeln (= 27 fM).
6.-9. Rd: Ohne Zunahmen fM häkeln.
10. Rd: Jede 8. und 9. fM zusammen abmaschen (= 24 fM).
11. Rd: Jede 3. und 4. fM zusammen abmaschen (= 18 fM).
12. Rd: Jede 2. und 3. fM zusammen abmaschen (= 12 fM).
Den Kopf jetzt noch nicht stopfen. Den Kopf beenden.

Körper

1. Rd (Schwarz): 6 fM in einen Fadenring arb.
2. Rd: Jede fM verdoppeln (= 12 fM).
3. Rd: Jede 2. fM verdoppeln (= 18 fM).
4. Rd: Jede 3. fM verdoppeln (= 24 fM).
5. Rd: Jede 4. fM verdoppeln (= 30 fM).
6. Rd: Jede 5. fM verdoppeln (= 36 fM).
7.-11. Rd: Ohne Zunahmen fM häkeln.
12. Rd: Jede 5. und 6. fM zusammen abmaschen (= 30 fM).
13. Rd: Jede 4. und 5. fM zusammen abmaschen (= 24 fM).
14. Rd: Jede 3. und 4. fM zusammen abmaschen (= 18 fM).
15. Rd: Jede 2. und 3. fM zusammen abmaschen (= 12 fM).
Den Körper beenden und stopfen.

Flügel (2x)

1. Rd (Schwarz): 6 fM in einen Fadenring arb.
2. Rd: Jede fM verdoppeln (= 12 fM).
3. Rd: Jede 2. fM verdoppeln (= 18 fM).
4.+5. Rd: Ohne Zunahmen fM häkeln.
6. Rd: Jede 2. und 3. fM zusammen abmaschen (= 12 fM).
7.-9. Rd: Ohne Abnahmen fM häkeln.
Den Flügel beenden, nicht stopfen.

Füße (2x)

1. Rd (Gelb): 6 fM in einen Fadenring arb.
2. Rd: Jede fM verdoppeln (= 12 fM).
3. Rd: Jede 4. fM verdoppeln (= 15 fM).
4.+5. Rd: Ohne Zunahmen fM häkeln.
6. Rd: Jede 4. und 5. fM zusammen abmaschen (= 12 fM).
7. Rd: Je 2 fM zusammen abmaschen (= 6 fM).
Den Fuß beenden, nicht stopfen.

Bauch

1. Rd (Weiß): 6 fM in einen Fadenring arb.
2. Rd: Jede fM verdoppeln (= 12 fM).
3. Rd: Jede 2. fM verdoppeln (= 18 fM).
Den Bauch beenden.

Schnabel

1. Rd (Gelb): 6 fM in einen Fadenring arb.
2. Rd: Ohne Zunahmen fM häkeln.
Den Schnabel beenden, nicht stopfen.

Augen (2x)

1. Rd (Weiß): 6 fM in einen Fadenring arb.
2. Rd: Jede 2. fM verdoppeln (= 9 fM).
Das Auge beenden.

Ohrenschützer

Die Ohrenschützer bestehen aus 2 Schützern und 1 Bügel.

Schützer (2x)

1. Rd (Dahlie): 6 fM in einen Fadenring arb.
2. Rd: Die 1. fM verdoppeln, 5 fM (= 7 fM).
3. Rd: Die 1. fM verdoppeln, 6 fM (= 8 fM).
Den Schützer beenden und stopfen.

Bügel (1x)

Mit Atlantis 15 Lm anschl. Ab der 2. Lm ab Häkelnd 14 fM häkeln. Den Bügel beenden.

Fertigstellen

Die Sicherheitsaugen durch die weißen Augenteile stechen (nicht mittig!), dann beides zusammen auf den Kopf stecken und vom Inneren des Kopfes her sichern. Den Kopf stopfen. Den Schnabel zwischen die Augen nähen. Kopf und Körper zusammennähen. Die Flügel seitlich an den Körper nähen. Den Bauch vorne auf den Körper nähen.

Die Füße unter den Körper nähen. Erst den Bügel des Ohrenschützers über den Kopf legen und annähen, dann die beiden Schützer rechts und links daran annähen.
Den Herzknopf mit farblich passendem Nähgarn am Po des Tieres annähen und ein Label nach Wahl daran befestigen.

WEIHNACHTSW

LT

Eleonore Engel

Ich wohne:
Auf einer 20-m²-Wolke

Lieblings-Weihnachtsessen:
Zimtsterne

Mein größter Wunsch:
Eine Latzhose

Die Feiertage verbringe ich:
Mit meinen Geschenken

Winter geht nicht ohne:
Spitzennachthemd

Vorsätze fürs neue Jahr:
Weniger Zimtsterne naschen

Ein braves Kind soll ich mir aussuchen und ihm einen Weihnachtswunsch erfüllen, hat er gesagt. Weiß der Weihnachtsmann überhaupt, wie schwer das ist? Seit sechs Stunden flattere ich nun über Stadt und Land, aber sobald ich ein braves Kind wittere, steht gleich ein weiteres daneben. Wie soll man sich da für eins entscheiden? Wer hätte gedacht, dass es so viele brave Kinder auf der Welt gibt?

Schwierigkeitsgrad 3

Größe

ca. 13 cm hoch

Material

- Schachenmayr Bravo (LL 133 m/ 50 g) in Weiß (Fb 8224), Zitrone (Fb 8201), Melba (Fb 8322) und Gelb (Fb 8210), je 50 g
- Häkelnadel 3,0 mm
- 1 Paar Sicherheitsaugen in Schwarz, ø 6 mm
- Füllwatte, 20 g
- Stickgarn in Schwarz, Rest

Anleitung

Kopf, Körper und Arme in Spiralrd arb.

Kopf

1. Rd (Melba): 6 fM in einen Fadenring arb.
2. Rd: Jede fM verdoppeln (= 12 fM).
3. Rd: Jede 2. fM verdoppeln (= 18 fM).
4. Rd: Jede 3. fM verdoppeln (= 24 fM).
5. Rd: Ohne Zunahmen fM häkeln.
6. Rd: Jede 4. fM verdoppeln (= 30 fM).
7.-10. Rd: Ohne Zunahmen fM häkeln.
11. Rd: Jede 4. und 5. fM zusammen abmaschen (= 24 fM).
12. Rd: Jede 3. und 4. fM zusammen abmaschen (= 18 fM).
13.-16. Rd: Ohne Abnahmen in Rd häkeln.
Die Sicherheitsaugen mit 2-3 M Abstand zwischen der 13. und 14. Rd anbringen.
17. Rd: Jede 2. und 3. fM zusammen abmaschen (= 12 fM).
Den Kopf nun stopfen.
18. Rd: Je 2 fM zusammen abmaschen (= 6 fM).
Den Kopf beenden. Das Loch am oberen Ende mit dem Restfaden schließen.

Körper

1. Rd (Weiß): 6 fM in einen Fadenring arb.
2. Rd: Jede fM verdoppeln (= 12 fM).
3. Rd: Jede 2. fM verdoppeln (= 18 fM).
4. Rd: Jede 3. fM verdoppeln (= 24 fM).
5. Rd: Jede 4. fM verdoppeln (= 30 fM).
6. Rd: Jede 5. fM verdoppeln (= 36 fM).
7. Rd: 36 fM häkeln, dabei nur in die hinteren M-Teile einstechen.
8.-13. Rd: Ohne Zunahmen fM häkeln.
14. Rd: Je 2 fM zusammen abmaschen (= 18 fM).
15.-18. Rd: Ohne Abnahmen in Rd häkeln.
Den Körper nun stopfen.
19. Rd: Jede 2. und 3. fM zusammen abmaschen (= 12 fM).
Den Körper beenden und den Rest stopfen.

Arme (2x)

1. Rd (Melba): 6 fM in einen Fadenring arb.
2.+3. Rd: Ohne Zunahmen fM häkeln.

4.-7. Rd (Weiß): Ohne Zunahmen fM häkeln.
Den Arm beenden, nicht stopfen.

Heiligenschein

In Zitrone 20 Lm anschl. Ab der 2. Lm ab Häkelnd 19 Km auf die Lm-Kette häkeln, dann mit 1 Km in die 1. Km zum Ring schließen. Den Heiligenschein beenden.

Gürtel

In Zitrone 40 Lm anschl und beenden.

Haare (7x)

In Gelb 31 Lm anschl. Ab der 2. Lm ab Häkelnd jeweils 3 fM in jede Lm häkeln.
Die Haarsträhne beenden. Sie dreht sich von alleine lockig ein.

Flügel (2x)

In Zitrone 6 Lm anschl.
1. R: Ab der 2. Lm ab Häkelnd 4 fM häkeln, 1 Km, wenden.
2. R: 1 Lm, die Km der Vor-Rd übergehen, 2 fM, M verdoppeln, 1 fM, 4 Lm, wenden.
3. R: Ab der 2. Lm ab Häkelnd 4 fM, die nächste fM verdoppeln, 2 fM, 1 Km, wenden.
4. R: 1 Lm, die Km der Vor-Rd übergehen, 2 fM, die nächste fM verdoppeln, 5 fM, 4 Lm, wenden.
5. R: Ab der 2. Lm ab Häkelnd 8 fM, die nächste fM verdoppeln, 2 fM, 1 Km, wenden.
6. R: 1 Lm, die Km der Vor-Rd übergehen, 2 fM, die nächste fM verdoppeln, 9 fM, 4 Lm, wenden.
7. R: Ab der 2. Lm ab Häkelnd 12 fM, die nächste fM verdoppeln, 2 fM, 1 Km.
Den Flügel beenden.

Fertigstellen

Kopf und Körper zusammennähen. Die Arme seitlich an den Körper nähen. Den Gürtel um die Taille des Engels binden. Die Haare kreisrund auf den Kopf nähen, dann den Heiligenschein auf das Haar nähen. Die Flügel hinten an den Körper nähen.

Mit einem langen Faden in Melba zwischen den Augen die Nase sticken (siehe Seite 27) und mit schwarzem Stickgarn den Mund aufsticken.
Den Herzknopf mit farblich passendem Nähgarn am Po der Figur annähen und ein Label nach Wahl daran befestigen.

Ich weiß nicht, wer von diesen frechen Wichteln auf die Idee gekommen ist, ausgerechnet mir zwei Wippbögen unter die Hufe zu schrauben. Das ist mit Abstand der witzloseste Weihnachtsjux seit Jahren. Wo doch wirklich jeder weiß, wie schnell mir schlecht wird beim Schaukeln. Am besten, ich bewege keinen Muskel mehr. Wenn nur jemand die Fenster schließen würde. Die Windböen pusten genau in meine Richtung. Oh weh, da kommt wieder eine. Die elende Schaukelei, sie geht wieder los. Wuaaaah …

Schorschi Schaukelpferd

Ich wohne:
Dort, wo mich die Wichtel hinwippen

Lieblings-Weihnachtsessen:
Heiße Maronen

Mein größter Wunsch:
Socken

Die Feiertage verbringe ich:
Vermutlich schaukelnd

Winter geht nicht ohne:
Schwindelgefühl

Vorsätze fürs neue Jahr:
Positiv denken

Schwierigkeitsgrad 3

Größe

ca. 10 cm hoch

Material

- Schachenmayr Bravo (LL 133 m/ 50 g) in Beige (Fb 8312), Weiß (Fb 8224), Scarlet (Fb 8241), Gras (Fb 8246), Braun (Fb 8281) und Leinen (Fb 8345), je 50 g
- Häkelnadel 3,0 mm
- 1 Paar Sicherheitsaugen in Schwarz, ø 6 mm
- Füllwatte, 20 g
- Pfeifenputzer, ca. 30 cm lang

Anleitung

Alle Teile, bis auf Schwanz, Decke, Haltegurt und Kufen, in Spiralrd arb.

Kopf

1. Rd (Leinen): 6 fM in einen Fadenring arb.
2. Rd: Jede fM verdoppeln (= 12 fM).
3. Rd: Jede 2. fM verdoppeln (= 18 fM).
4. Rd: Jede 3. fM verdoppeln (= 24 fM).
5. Rd: Ohne Zunahmen fM häkeln.
6. Rd: Jede 4. fM verdoppeln (= 30 fM).
7.-9. Rd: Ohne Zunahmen fM häkeln.
10. Rd (Beige): Ohne Zunahmen fM häkeln.
11. Rd: Jede 4. und 5. fM zusammen abmaschen (= 24 fM).
12. Rd: Jede 3. und 4. fM zusammen abmaschen (= 18 fM).
13.-16. Rd: Ohne Abnahmen fM häkeln.
Die Sicherheitsaugen mit 2-3 M Abstand zwischen der 13. und 14. Rd anbringen.
17. Rd: Jede 2. und 3. fM zusammen abmaschen (= 12 fM).
Den Kopf nun stopfen.
18. Rd: Je 2 fM zusammen abmaschen (= 6 fM).
Den Kopf beenden. Das Loch am oberen Ende mit dem Restfaden schließen.

Körper

1. Rd (Beige): 6 fM in einen Fadenring arb.
2. Rd: Jede fM verdoppeln (= 12 fM).
3. Rd: Jede 2. fM verdoppeln (= 18 fM).
4. Rd: Jede 3. fM verdoppeln (= 24 fM).
5. Rd: Jede 4. fM verdoppeln (= 30 fM).
6. Rd: Jede 5. fM verdoppeln (= 36 fM).
7.-11. Rd: Ohne Zunahmen fM häkeln.
12. Rd: Jede 5. und 6. fM zusammen abmaschen (= 30 fM).
13. Rd: Jede 4. und 5. fM zusammen abmaschen (= 24 fM).
14. Rd: Jede 3. und 4. fM zusammen abmaschen (= 18 fM).
15. Rd: Jede 2. und 3. fM zusammen abmaschen (= 12 fM).
Den Körper beenden und stopfen.

Beine (4x)

1. Rd (Braun): 6 fM in einen Fadenring arb.
2. Rd: Jede 2. fM verdoppeln (= 9 fM).
3. Rd: Ohne Zunahmen fM häkeln.

4.-6. Rd (Beige): Ohne Zunahmen fM häkeln.
Das Bein beenden und stopfen.

Ohren (2x)

1. Rd (Beige): 4 fM in einen Fadenring arb.
2. Rd: Jede 2. fM verdoppeln (= 6 fM).
3.+4. Rd: Ohne Zunahmen fM häkeln.
Das Ohr beenden, nicht stopfen.

Schwanz

In Beige 7 Lm anschl. Ab der 2. Lm ab Häkelnd 6 fM häkeln.
Den Schwanz beenden.
In Braun 4 Fäden à 5 cm durch das Ende des Schwanzes knüpfen.

Decke

Mit Gras 6 Lm anschl.
1. R: Ab der 2. Lm ab Häkelnd 5 fM häkeln, wenden.
2.-12. R: 1 Lm, 5 fM häkeln, wenden.
13. R (Scarlet): 1 Lm, 4 fM, 3 fM in die Ecke, weiter an der Längsseite der Decke 10 fM häkeln, 3 fM in die Ecke, weiter auf kurzer Seite der Decke 3 fM häkeln, 3 fM in die Ecke, weiter an der Längsseite der Decke 10 fM häkeln, 2 fM in die Ecke, mit 1 Km in 1 fM zur Rd schließen.
Die Decke beenden.

Haltegurt für Decke

In Weiß 18 Lm anschl und beenden.

Kufen (2x)

In Braun 26 Lm anschl.
1. R: Ab der 2. Lm ab Häkelnd 25 fM häkeln, wenden.
2.+3. R: 1 Lm, 25 fM häkeln, wenden.
Die Kufe beenden.

Den Pfeifenputzer in 2 ca. 12 cm lange Teile schneiden, je 1 Stück auf 1 Kufe legen und die Kufe an den langen Seiten zunähen, sodass der Pfeifenputzer komplett umschlossen ist.

Fertigstellen

Die Ohren an den Kopf nähen. Kopf und Körper zusammennähen. Die Beine unter den Körper nähen. Den Schwanz hinten auf den Körper nähen. Die Decke auf den Rücken nähen. Die Kufen unter die Beine nähen und die Enden leicht nach oben biegen. Mit Dunkelbraun Haare auf den Kopf einknüpfen, beginnend zwischen den Ohren bis runter in den Nacken. Haare stutzen. Den Haltegurt für die Decke um den Hals legen und an der Decke annähen. Mit Scarlet das Halfter auf den Kopf aufsticken. In Braun die Nüstern vorne auf den Kopf sticken.
Den Herzknopf mit farblich passendem Nähgarn am Po des Tieres annähen und ein Label nach Wahl daran befestigen.

Lieber Willi Weihnachtsmann,
Junge, Junge, wie die Zeit vergeht! Wie lange sind wir schon gemeinsam im Geschäft? Tausend Jahre? Zweitausend? Dieser Kündigungsbrief soll auf keinen Fall eine Kündigung unserer Freundschaft sein. Du warst immer pünktlich bei der Verkostung frischer Weihnachtsplätzchen oder anderen Geschäftsterminen. Aber nun muss ich Dir gestehen: Willi, ich will mich selbständig machen! Erfahrung hab ich ja genug. Vielleicht werde ich eine kleine Feiertagsneugründung in die Wege leiten. Ich hoffe, Du verstehst das,
Dein Oberelfl Eusebius

Eusebius Elf

Ich wohne:
Neben der Poststelle für Wunschlisten unartiger Kinder

Lieblings-Weihnachts-essen:
Zitronen-schnitten

Mein größter Wunsch:
Mein eigenes Unternehmen gründen

Die Feiertage verbringe ich:
Mit Schneeschuhwandern

Winter geht nicht ohne:
Gestreifte Strumpfhosen

Vorsätze fürs neue Jahr:
Mutiger sein

Schwierigkeitsgrad 3

Größe

ca. 20 cm lang

Material

- Schachenmayr Bravo (LL 133 m/ 50 g) in Limone (Fb 8194), Feuer (Fb 8221), Weiß (Fb 8224), Rosé (Fb 8206) und Braun (Fb 8281), je 50 g
- Häkelnadel 3,0 mm
- 1 Paar Sicherheitsaugen in Schwarz, ø 6 mm
- Füllwatte, 25 g
- Stickgarn in Schwarz, Rest

Anleitung

Alle Teile, bis auf den Kragen, in Spiralrd arb.

Kopf

1. Rd (Rosé): 6 fM in einen Fadenring arb.
2. Rd: Jede fM verdoppeln (= 12 fM).
3. Rd: Jede 2. fM verdoppeln (= 18 fM).
4. Rd: Jede 3. fM verdoppeln (= 24 fM).
5. Rd: Ohne Zunahmen fM häkeln.
6. Rd: Jede 4. fM verdoppeln (= 30 fM).
7.-10. Rd: Ohne Zunahmen fM häkeln.
11. Rd: Jede 4. und 5. fM zusammen abmaschen (= 24 fM).
12. Rd: Jede 3. und 4. fM zusammen abmaschen (= 18 fM).
13.-16. Rd: Ohne Abnahmen fM häkeln.
Die Sicherheitsaugen mit 2-3 M Abstand zwischen der 13. und 14. Rd anbringen.
17. Rd: Jede 2. und 3. fM zusammen abmaschen (= 12 fM).
Den Kopf nun stopfen.
18. Rd: Je 2 fM zusammen abmaschen (= 6 fM).
Den Kopf beenden. Das Loch am oberen Ende mit dem Restfaden schließen.

Körper

1. Rd (Limone): 6 fM in einen Fadenring arb.
2. Rd: Jede fM verdoppeln (= 12 fM).
3. Rd: Jede 2. fM verdoppeln (= 18 fM).
4. Rd: Jede 3. fM verdoppeln (= 24 fM).
5.-12. Rd: Ohne Zunahmen fM häkeln.
13. Rd: Jede 3. und 4. fM zusammen abmaschen (= 18 fM).
14. Rd: Ohne Abnahmen in Rd häkeln.
15. Rd: Jede 2. und 3. fM zusammen abmaschen (= 12 fM).
Den Körper beenden und fest stopfen. Den Faden lang abschneiden.

Arme (2x)

1. Rd (Rosé): 6 fM in einen Fadenring arb.
2.-3. Rd: Ohne Zunahmen fM häkeln.
4.-10. Rd (Limone): Ohne Zunahmen fM häkeln.
Den Arm beenden, nicht stopfen. Den Faden lang abschneiden.

Mütze

1. Rd (Limone): 6 fM in einen Fadenring arb.
2. Rd: Ohne Zunahmen fM häkeln.
3. Rd: Die 1. fM verdoppeln, 5 fM (= 7 fM).
4. Rd: Ohne Zunahmen fM häkeln.
5. Rd: Die 1. fM verdoppeln, 6 fM (= 8 fM).
6. Rd: Ohne Zunahmen fM häkeln.
7. Rd: Jede 4. fM verdoppeln (= 10 fM).
8. Rd: Ohne Zunahmen fM häkeln.
9. Rd: Jede 5. fM verdoppeln (= 12 fM).
10.-13. Rd: Ohne Zunahmen fM häkeln.
14. Rd: Jede 4. fM verdoppeln (= 15 fM).
15.-18. Rd: Ohne Zunahmen fM häkeln.
19. Rd: Jede 5. fM verdoppeln (= 18 fM).
20.-23. Rd: Ohne Zunahmen fM häkeln.
24. Rd: Jede 3. fM verdoppeln (= 24 fM).
25. Rd: Jede 4. fM verdoppeln (= 30 fM).

26. Rd (Feuer): Nur in vordere M-Teile einstechen und 30 fM häkeln.
Die Mütze beenden, nicht stopfen. Den Zipfel umknicken und festnähen. Je 1 Faden in Weiß und Feuer 5 cm lang zuschneiden und in die Spitze der Mütze einknüpfen.

Beine (2x)

Die Beine in geschlossenen Rd häkeln. Mit Feuer 6 Lm anschl, mit 1 Km zum Ring schließen.
1. Rd: 1 Lm, 6 fM in den Ring häkeln, mit 1 Km zur Rd schließen.
2. Rd: 1 Lm, 6 fM häkeln, mit 1 Km zur Rd schließen.
3.+4. Rd (Weiß): 1 Lm, 6 fM häkeln, mit 1 Km zur Rd schließen.
5.+6. Rd (Feuer): 1 Lm, 6 fM häkeln, mit 1 Km zur Rd schließen.
7.+8. Rd (Weiß): 1 Lm, 6 fM häkeln, mit 1 Km zur Rd schließen.
9.+10. Rd (Feuer): 1 Lm, 6 fM häkeln, mit 1 Km zur Rd schließen.
11.+12. Rd (Weiß): 1 Lm, 6 fM häkeln, mit 1 Km zur Rd schließen.
Das Bein beenden, nicht stopfen. Das Bein am roten Ende zusammendrücken und zusammennähen. Das weiße Ende bleibt offen.

Schuhe (2x)

1. Rd (Braun): 6 fM in einen Fadenring arb.
2. Rd: Ohne Zunahmen fM häkeln.
3. Rd: Jede 2. fM verdoppeln (= 9 fM).
4.-7. Rd: Ohne Zunahmen fM häkeln.
8. Rd: Jede 2. und 3. fM zusammen abmaschen (= 6 fM).
Den Schuh beenden, leicht stopfen und das Loch verschließen.

Kragen

In Feuer 24 Lm anschl. In die 2. Lm ab Häkelnd *1 fM, 1 hStb, 1 Stb, dann 3 Lm übergehen, 1 Km in nächste Lm, 4 Lm, ab * noch 3x wdh, ab der 2. Lm ab Häkelnd noch einmal 1 fM, 1 hStb, 1 Stb, dann 3 Lm übergehen, 1 Km in letzte Lm. So entstehen insgesamt 5 Zacken. Den Kragen beenden.

Fertigstellen

Kopf und Körper zusammennähen. Die Arme seitlich an den Körper nähen.
Die Beine mit der roten Kante zwischen der 3. und 4. Rd an den Körper nähen. Die Schuhe an die weißen Enden der Beine nähen. Die Mütze auf den Kopf setzen und annähen.
Den Kragen um den Hals legen und festnähen. Mit Rosé zwischen den Augen eine Nase (siehe Seite 27) aufsticken und mit schwarzem Stickgarn einen Mund auf den Kopf sticken.
Den Herzknopf mit farblich passendem Nähgarn am Po der Figur annähen und ein Label nach Wahl daran befestigen.

Stopp, Stopp, Stopp! Hat irgendwer den Bäcker gesehen? Mit dem hab ich nämlich ein Hühnchen zu rupfen. Wo zum Kuckuck ist meine Zuckerstange? Ich hatte jede Weihnacht eine Zuckerstange als Accessoire. Das bringt meine köstlichen Schultern besser zur Geltung. Stattdessen hab ich diese unsinnigen angebackenen Knöpfe auf dem Bauch. Was soll ich mit denen bitte anfangen? Ich trag ja nicht mal ein Hemd.

Leonard Lebkuchen

Ich wohne:
Na, im Lebkuchenhaus!
Wo sonst?

Lieblings-Weihnachtsessen:
Zuckerstangen-Auflauf

Mein größter Wunsch:
Das passende Hemd zu
meinen Knöpfen

Die Feiertage verbringe ich:
Mit Lesen

Winter geht nicht ohne:
Lebkuchen!!!

Vorsätze fürs neue Jahr:
An meinem zuckersüßen
Sixpack arbeiten

Schwierigkeitsgrad 2

Größe

ca. 11 cm hoch

Material

- Schachenmayr Bravo (LL 133 m/ 50 g) in Beige (Fb 8312), Weiß (Fb 8224), Limone (Fb 8194) und Feuer (Fb 8221), je 50 g
- Häkelnadel 3,0 mm
- 1 Paar Sicherheitsaugen in Schwarz, ø 6 mm
- Füllwatte, 20 g
- Stickgarn in Schwarz, Rest

Anleitung

Alle Teile, bis auf die Knöpfe, in Spiralrd arb.

Kopf

1. Rd (Beige): 6 fM in einen Fadenring arb.
2. Rd: Jede fM verdoppeln (= 12 fM).
3. Rd: Jede 2. fM verdoppeln (= 18 fM).
4. Rd: Jede 3. fM verdoppeln (= 24 fM).
5. Rd: Ohne Zunahmen fM häkeln.
6. Rd: Jede 4. fM verdoppeln (= 30 fM).
7.-10. Rd: Ohne Zunahmen fM häkeln.
11. Rd: Jede 4. und 5. fM zusammen abmaschen (= 24 fM).
12. Rd: Jede 3. und 4. fM zusammen abmaschen (= 18 fM).
13.-16. Rd: Ohne Abnahmen fM häkeln.

Die Sicherheitsaugen mit 2-3 M Abstand zwischen der 13. und 14. Rd anbringen.

17. Rd: Jede 2. und 3. fM zusammen abmaschen (= 12 fM).

Den Kopf nun stopfen.

18. Rd: Je 2 fM zusammen abmaschen (= 6 fM).

Den Kopf beenden. Das Loch am oberen Ende mit dem Restfaden schließen.

Körper

1. Rd (Beige): 6 fM in einen Fadenring arb.
2. Rd: Jede fM verdoppeln (= 12 fM).
3. Rd: Jede 2. fM verdoppeln (= 18 fM).
4. Rd: Jede 3. fM verdoppeln (= 24 fM).
5. Rd: Jede 4. fM verdoppeln (= 30 fM).
6. Rd: Jede 5. fM verdoppeln (= 36 fM).
7.-11. Rd: Ohne Zunahmen fM häkeln.
12. Rd: Jede 5. und 6. fM zusammen abmaschen (= 30 fM).
13. Rd: Jede 4. und 5. fM zusammen abmaschen (= 24 fM).
14. Rd: Jede 3. und 4. fM zusammen abmaschen (= 18 fM).
15. Rd: Jede 2. und 3. fM zusammen abmaschen (= 12 fM).

Den Körper beenden und stopfen.

Beine (4x)

1. Rd (Beige): 6 fM in einen Fadenring arb.
2. Rd: Jede 2. fM verdoppeln (= 9 fM).
3.-6. Rd: Ohne Zunahmen fM häkeln.

Das Bein beenden und stopfen.

Arme (2x)

1. Rd (Beige): 6 fM in einen Fadenring arb.
2. Rd: Jede 2. fM verdoppeln (= 9 fM).
3.-9. Rd: Ohne Zunahmen fM häkeln.
Den Arm beenden, nicht stopfen.

Dropsknöpfe

1x in Limone und 1x in Feuer jeweils 6 fM in einen Fadenring arb.
Die Knöpfe beenden.

Nase

1. Rd (Limone): 6 fM in einen Fadenring arb.
2. Rd: Ohne Zunahmen fM häkeln.
Die Nase beenden, nicht stopfen.

Fertigstellen

Kopf und Körper zusammennähen. Die Arme seitlich an den Körper nähen. Die Beine vorne an den Körper nähen. Die Dropsknöpfe vorne auf den Bauch nähen. Die Nase vorne auf den Kopf nähen. Mit schwarzem Stickgarn einen Mund aufsticken.
In Weiß den Zuckerguss direkt auf die jeweiligen Körperteile aufhäkeln. Hierfür jeweils an Kopf, Körper, Armen und Beinen in eine beliebige fM einstechen und den Körperteil mit Km nach Lust und Laune umhäkeln. Wem das zu schwer ist, der häkelt Lm-Ketten in passenden Längen und näht sie wellenförmig auf das Männchen auf.
Den Herzknopf mit farblich passendem Nähgarn am Po der Figur annähen und ein Label nach Wahl daran befestigen.

Grundgütiger, ich hab meinen Heutrog verbummelt! Dauernd stören mich die Wichtel und brauchen mein Nasenlicht. Immer heißt es „Rudi, leuchte mal mit deiner Nase hier hin, mir ist was runtergefallen" oder „Wirf deinen roten Scheinwerfer an, es zieht Nebel auf!" Mein Riecher ist doch keine Taschenlampe. Kein Wunder, dass mir bei den ständigen Unterbrechungen mein köstliches Heu verloren geht. Am besten, ich schalt mal meine Nase ein. Aber, pssst, nicht den Wichteln verraten.

Rudi Rentier

Ich wohne:
Im Wald – zweite Tanne links

Lieblings-Weihnachtsessen:
Krautsalat

Mein größter Wunsch:
Eine Warnweste, wenn der Schlitten wieder stecken-bleibt

Die Feiertage verbringe ich:
Bei Tante Resi Rentier

Winter geht nicht ohne:
Winterspeck

Vorsätze fürs neue Jahr:
Einen Marathon laufen

Schwierigkeitsgrad 2

Größe

ca. 11 cm hoch

Material

» Schachenmayr Bravo (LL 133 m/50 g) in Beige (8312), Feuer (Fb 8221) und Braun (Fb 8281), je 50 g

» Häkelnadel 3,0 mm

» 1 Paar Sicherheitsaugen in Schwarz, ø 6 mm

» Füllwatte, 20 g

Anleitung

Alle Teile in Spiralrd arb.

Kopf

1. Rd (Beige): 6 fM in einen Fadenring arb.

2. Rd: Jede fM verdoppeln (= 12 fM).

3. Rd: Jede 2. fM verdoppeln (= 18 fM).

4. Rd: Jede 3. fM verdoppeln (= 24 fM).

5. Rd: Ohne Zunahmen fM häkeln.

6. Rd: Jede 4. fM verdoppeln (= 30 fM).

7.-10. Rd: Ohne Zunahmen fM häkeln.

11. Rd: Jede 4. und 5. fM zusammen abmaschen (= 24 fM).

12. Rd: Jede 3. und 4. fM zusammen abmaschen (= 18 fM).

13.-16. Rd: Ohne Abnahmen fM häkeln.

Die Sicherheitsaugen mit 2-3 M Abstand zwischen der 14. und 15. Rd anbringen.

17. Rd: Jede 2. und 3. fM zusammen abmaschen (= 12 fM).

Den Kopf nun stopfen.

18. Rd: Je 2 fM zusammen abmaschen (= 6 fM).

Den Kopf beenden. Das Loch am oberen Ende mit dem Restfaden schließen.

Körper

1. Rd (Beige): 6 fM in einen Fadenring arb.

2. Rd: Jede fM verdoppeln (= 12 fM).

3. Rd: Jede 2. fM verdoppeln (= 18 fM).

4. Rd: Jede 3. fM verdoppeln (= 24 fM).

5. Rd: Jede 4. fM verdoppeln (= 30 fM).

6. Rd: Jede 5. fM verdoppeln (= 36 fM).

7.-11. Rd: Ohne Zunahmen fM häkeln.

12. Rd: Jede 5. und 6. fM zusammen abmaschen (= 30 fM).

13. Rd: Jede 4. und 5. fM zusammen abmaschen (= 24 fM).

14. Rd: Jede 3. und 4. fM zusammen abmaschen (= 18 fM).

15. Rd: Jede 2. und 3. fM zusammen abmaschen (= 12 fM).

Den Körper stopfen.

Beine (4x)

1. Rd (Braun): 6 fM in einen Fadenring arb.
2. Rd: Jede 2. fM verdoppeln (= 9 fM).
3. Rd: Ohne Zunahmen fM häkeln.
4.-6. Rd (Beige): Ohne Zunahmen fM häkeln.
Das Bein stopfen.

Ohren (2x)

1. Rd (Beige): 4 fM in einen Fadenring arb.
2. Rd: Jede 2.fM verdoppeln (= 6 fM).
3.+4. Rd: Ohne Zunahmen fM häkeln.
Das Ohr nicht stopfen.

Nase

1. Rd (Feuer): 6 fM in einen Fadenring arb.
2. Rd: Jede 3. fM verdoppeln (= 8 fM).
3. Rd: Ohne Zunahmen fM häkeln.
Die Nase beenden, leicht stopfen.

Geweih

Jede Geweihhälfte besteht aus 2 Teilen.

Teil 1 (2x)

1. Rd (Braun): 4 fM in einen Fadenring arb.
2.-7. Rd: Ohne Zunahmen fM häkeln.
Das Geweihteil beenden, nicht stopfen.

Teil 2 (2x)

1. Rd (Braun): 4 fM in einen Fadenring arb.
2.+3. Rd: Ohne Zunahmen fM häkeln.
Das Geweihteil beenden, nicht stopfen.

Schwanz

1. Rd (Beige): 6 fM in einen Fadenring arb.
2.+3. Rd: Ohne Zunahmen fM häkeln.
Den Schwanz beenden, nicht stopfen.

Fertigstellen

Die beiden Geweihteile zusammennähen. Teil 2 an das Teil 1 etwa auf Höhe der 4. Rd annähen. Die Ohren seitlich an den Kopf, die Geweihhälften zwischen den Ohren auf den Kopf nähen. Die Nase vorne auf den Kopf nähen. Den Kopf auf den Körper setzen und provisorisch feststecken. Die Beine unter den Körper nähen, dabei mit dem Kopf so ausbalancieren, dass das Rentier alleine stehen kann. Nun erst den Kopf festnähen. Den Schwanz hinten auf den Körper nähen. Den Herzknopf mit farblich passendem Nähgarn am Po des Tieres annähen und ein Label nach Wahl daran befestigen.

Willi Weihnachtsmann

Ich wohne:
In Weihnachtshausen

Lieblings-Weihnachtsessen:
Selbstgemachter Apfel-strudel von meiner Frau

Mein größter Wunsch:
Einen getunten Schlitten

Die Feiertage verbringe ich:
On the road

Winter geht nicht ohne:
Heißen Kakao mit Marshmallows

Vorsätze fürs neue Jahr:
Öfter ins Fitnessstudio gehen

Ob ich es den Elfen beichten soll? Das ist mir schon ein klein wenig unangenehm. Bin ja schließlich der Weihnachtsmann. Ich habe alle Elfen mit Vorbereitungen für das große Fest versorgt, und jeder düst durch Weihnachtshausen, verpackt Spielzeug oder verziert Gebäck. Jeder, bis auf mich. Es ist nämlich so – ach, ist mir das peinlich – ich mit meinen zwei linken Händen habe noch nie in all den Jahren auch nur ein Geschenk verpackt.

Schwierigkeitsgrad 3

Größe

ca. 15,5 cm hoch

Material

» Schachenmayr Bravo (LL 133 m/ 50 g) in Schwarz (Fb 8226), Weiß (Fb 8224), Melba (Fb 8322) und Feuer (Fb 8221), je 50 g

» Häkelnadel 3,0 mm

» 1 Paar Sicherheitsaugen in Schwarz, ø 6 mm

» Füllwatte, 20 g

Anleitung

Alle Teile, bis auf Gürtel, Bart und Haare, in Spiralrd arb.

Kopf

1. Rd (Pfirsich): 6 fM in einen Fadenring arb.
2. Rd: Jede fM verdoppeln (= 12 fM).
3. Rd: Jede 2. fM verdoppeln (= 18 fM).
4. Rd: Jede 3. fM verdoppeln (= 24 fM).
5. Rd: Ohne Zunahmen fM häkeln.
6. Rd: Jede 4. fM verdoppeln (= 30 fM).
7.-10. Rd: Ohne Zunahmen fM häkeln.
11. Rd: Jede 4. und 5. fM zusammen abmaschen (= 24 fM).
12. Rd: Jede 3. und 4. fM zusammen abmaschen (= 18 fM).
13.-16. Rd: Ohne Abnahmen fM häkeln.
Die Sicherheitsaugen mit 2-3 M Abstand zwischen der 14. und 15. Rd anbringen.
17. Rd: Jede 2. und 3. fM zusammen abmaschen (= 12 fM).
Den Kopf nun stopfen.
18. Rd: Je 2 fM zusammen abmaschen (= 6 fM).
Den Kopf beenden. Das Loch am oberen Ende mit dem Restfaden schließen.

Körper

1. Rd (Feuer): 6 fM in einen Fadenring arb.
2. Rd: Jede fM verdoppeln (= 12 fM).
3. Rd: Jede 2. fM verdoppeln (= 18 fM).
4. Rd: Jede 3. fM verdoppeln (= 24 fM).
5. Rd: Jede 4. fM verdoppeln (= 30 fM).
6. Rd: Jede 5. fM verdoppeln (= 36 fM).
7. Rd: 36 fM häkeln, dabei nur in die hinteren M-Teile einstechen.
8.-14. Rd: Ohne Zunahmen fM häkeln.
15. Rd: Jede 5. und 6. fM zusammen abmaschen (= 30 fM).
16. Rd: Jede 4. und 5. fM zusammen abmaschen (= 24 fM).
17. Rd: Jede 3. und 4. fM zusammen abmaschen (= 18 fM).
18. Rd: Jede 2. und 3. fM zusammen abmaschen (= 12 fM).
19. Rd: 2 Km, 1 fM, 2 Stb, 2 DStb, 2 Stb, 1 fM, 2 Km häkeln (= 12 M).
Den Körper beenden und stopfen.

Arme (4x)

1. Rd (Melba): 6 fM in einen Fadenring arb.
2.+3. Rd: Ohne Zunahmen fM häkeln.
4.-9. Rd (Feuer): Ohne Zunahmen fM häkeln.
Den Arm beenden, nicht stopfen.

Mütze

1. Rd (Feuer): 4 fM in einen Fadenring arb.
2.+3. Rd: Ohne Zunahmen fM häkeln.
4. Rd: Die 1. fM verdoppeln, 3 fM häkeln (= 5 fM).
5.+6. Rd: Ohne Zunahmen fM häkeln.
7. Rd: Die 1. fM verdoppeln, 4 fM häkeln (= 6 fM).
8.+9. Rd: Ohne Zunahmen fM häkeln.
10. Rd: Die 1. fM verdoppeln, 5 fM häkeln (= 7 fM).
11. Rd: Die 1. fM verdoppeln, 6 fM häkeln (= 8 fM).
12. Rd: Die 1. fM verdoppeln, 7 fM häkeln (= 9 fM).
13. Rd: Jede 3. fM verdoppeln (= 12 fM).
14. Rd: Ohne Zunahmen fM häkeln.
15. Rd: Jede 4. fM verdoppeln (= 15 fM).
16. Rd: Ohne Zunahmen fM häkeln.
17. Rd: Jede 5. fM verdoppeln (= 18 fM).
18. Rd: Jede 3. fM verdoppeln (= 24 fM).
19. Rd (Weiß): Ohne Zunahmen fM häkeln.
20. Rd: 24 fM häkeln, dabei nur in die vorderen M-Teile einstechen.
21. Rd: Ohne Zunahmen fM häkeln.
Die Mütze beenden, nicht stopfen.
Den Zipfel umknicken und mit einem Stück Faden in Feuer festnähen.

Gürtel

In Schwarz 39 Lm anschl.
Den Gürtel beenden.

Bart

Jede 2. R im Schlaufenstich (siehe Seite 22) arb.
In Weiß 2 Lm anschl.
1. R im Schlaufenstich: 1 M in die 2. Lm ab Häkelnd.
2. R: 1 Lm, M verdoppeln (= 2 fM).
3. R im Schlaufenstich: 1 Lm, jede fM verdoppeln (= 4 M).
4. R: 1 Lm, die nächste M verdoppeln, 2 fM, die nächste M verdoppeln (= 6 fM).
5. R im Schlaufenstich: 1 Lm, die nächste fM verdoppeln, 4 M, die nächste fM verdoppeln (= 8 M).
6. R: 1 Lm, die nächste M verdoppeln, 6 fM, die nächste M verdoppeln (= 10 fM).
7. R im Schlaufenstich: 1 Lm, die nächste fM verdoppeln, 8 M, die nächste fM verdoppeln (= 12 M).
8. R: 1 Lm, die nächste M verdoppeln, 10 fM, die nächste M verdoppeln (= 14 fM).
9. R im Schlaufenstich: 1 Lm, die nächste fM verdoppeln, 12 M, die nächste fM verdoppeln (= 16 M).
Den Bart beenden.

Haare

In Weiß 10 Fäden à 10 cm abschneiden und als Haare auf dem Hinterkopf gegenüber den Augen einknüpfen, und zwar 5 Fäden in der 3. Rd, 5 Fäden in der 4. Rd.

Fertigstellen

Den Bart unterhalb der Nase vorne auf den Kopf nähen. Die Mütze so auf den Kopf nähen, dass die Knüpfstellen der Haare verdeckt sind. Den Kopf auf den Körper nähen. Beim Körper ist dort hinten, wo die Doppelstäbchen sitzen.

Die Arme seitlich an den Körper nähen. Den Gürtel um den Körper legen und festnähen. In Melba unterhalb der Augen eine Nase aufsticken (siehe Seite 27).
Den Herzknopf mit farblich passendem Nähgarn am Po der Figur annähen und ein Label nach Wahl daran befestigen.

Gundis Gans

Ich wohne:
Über der Rentierfliegerschule

Lieblings-Weihnachtsessen:
Reispudding und
seeehr viel Punsch

Mein größter Wunsch:
Eine fesche Pilotenbrille

Die Feiertage verbringe ich:
Voll durchstartend

Winter geht nicht ohne:
Stressmauser

Vorsätze fürs neue Jahr:
Cousin Gustav in
Schweden besuchen

Zum Glück bin ich hier die offizielle Schlittenflugleiterin, sonst käme kein einziges Geschenk untern Festbaum. Wieso der Weihnachtsmann gerade Vierbeiner ausgewählt hat, um den wichtigsten Schlitten des Jahres durch die Lüfte zu ziehen, ist mir schleierhaft. Bis Rentiere geradeaus fliegen, geschweige denn starten können … puuuh, das dauert vielleicht. Is' ja gansklar, so ohne aerodynamisches Flügelwerk. Und sind sie erst mal abgehoben, wissen sie nie an welcher Wolke sie abbiegen müssen. Ohne mich Navigationsgenie wäre Weihnachten jedenfalls im Eimer.

Schwierigkeitsgrad 2

Größe

ca. 16 cm lang

Material

- Schachenmayr Bravo (LL 133 m/50 g) in Weiß (F 8224), Cherry (Fb 8309), Ecru (Fb 8220), und Gelb (Fb 8192), je 50 g
- Häkelnadel 3,0 mm
- 1 Paar Sicherheitsaugen in Schwarz, ø 6 mm
- Füllwatte, 20 g

Anleitung

Alle Teile, bis auf den Schal, in Spiralrd arb.

Kopf und Hals

1. Rd (Weiß): 6 fM in einen Fadenring arb.
2. Rd: Jede fM verdoppeln (= 12 fM).
3. Rd: Jede 2. fM verdoppeln (= 18 fM).
4. Rd: Jede 3. fM verdoppeln (= 24 fM).
5.-8. Rd: Ohne Zunahmen fM häkeln.

9. Rd: 3x 2 fM zusammen abmaschen, 12 fM, 3x 2 fM zusammen abmaschen (= 18 fM).
10. Rd: 3x 2 fM zusammen abmaschen, 6 fM, 3x 2 fM zusammen abmaschen (= 12 fM).
Die Sicherheitsaugen mit 5 fM Abstand zwischen der 6. und 7. Rd anbringen. Der vordere Teil des Kopfes ist dort, wo die Abnahmen der 10. Rd liegen.
Den Kopf nun stopfen.
11.-17. Rd: Ohne Abnahmen fM häkeln.
18. Rd: Jede 4. fM verdoppeln (= 15 fM).
19. Rd: Jede 5. fM verdoppeln (= 18 fM).
Nun den Hals stopfen.

Körper

1. Rd (Weiß): 6 fM in einen Fadenring arb.
2. Rd: Jede fM verdoppeln (= 12 fM).
3. Rd: Jede 2. fM verdoppeln (= 18 fM).
4. Rd: Jede 3. fM verdoppeln (= 24 fM).
5. Rd: Jede 4. fM verdoppeln (= 30 fM).
6. Rd: Jede 5. fM verdoppeln (= 36 fM).
7.-11. Rd: Ohne Zunahmen fM häkeln.
12. Rd: Jede 5. und 6. fM zusammen abmaschen (= 30 fM).
13. Rd: Jede 4. und 5. fM zusammen abmaschen (= 24 fM).
14. Rd: Jede 3. und 4. fM zusammen abmaschen (= 18 fM).
15. Rd: Jede 2. und 3. fM zusammen abmaschen (= 12 fM).
Den Körper beenden und stopfen.

Schnabel

1. Rd (Gelb): 4 fM in einen Fadenring arb.
2. Rd: 1 fM verdoppeln, 3 fM (= 5 fM).
3. Rd: 4 fM, 1 fM verdoppeln (= 6 fM).
4. Rd: Jede 3. fM verdoppeln (= 8 fM).
5. Rd: Jede 4. fM verdoppeln (= 10 fM).
Den Schnabel beenden, nicht stopfen, sondern flach drücken.

Flügel (2x)

1. Rd (Weiß): 6 fM in einen Fadenring arb.
2. Rd: Jede 3. fM verdoppeln (= 8 fM).
3. Rd: Jede 4. fM verdoppeln (= 10 fM).
4. Rd: Jede 5. fM verdoppeln (= 12 fM).
5. Rd: Jede 4. fM verdoppeln (= 15 fM).
6. Rd: Jede 5. fM verdoppeln (= 18 fM).
7. Rd: Jede 6. fM verdoppeln (= 21 fM).
8.-10. Rd: Ohne Zunahmen fM häkeln.
11. Rd: Jede 6. und 7. fM zusammen abmaschen (= 18 fM).
12. Rd: Jede 5. und 6. fM zusammen abmaschen (= 15 fM).
13. Rd: Jede 4. und 5. fM zusammen abmaschen (= 12 fM).
14. Rd: Je 2 fM zusammen abmaschen (= 6 fM).

Den Flügel beenden, nicht stopfen. Das Loch schließen, den Flügel flach drücken.

Schwanz

1. Rd (Weiß): 6 fM in einen Fadenring arb.
2. Rd: Jede 3. fM verdoppeln (= 8 fM).
3. Rd: Jede 4. fM verdoppeln (= 10 fM).
4. Rd: Jede 5. fM verdoppeln (= 12 fM).
5. Rd: Jede 4. fM verdoppeln (= 15 fM).
6. Rd: Jede 5. fM verdoppeln (= 18 fM).
7. Rd: Jede 6. fM verdoppeln (= 21 fM).
8. Rd: Ohne Zunahmen fM häkeln.

Den Schwanz beenden und stopfen.

Füße (2x)

1. Rd (Gelb): 6 fM in einen Fadenring arb.
2. Rd: Jede fM verdoppeln (= 12 fM).
3. Rd: Jede 4. fM verdoppeln (= 15 fM).
4. Rd: Ohne Zunahmen fM häkeln.
5. Rd: Jede 4. und 5. fM zusammen abmaschen (= 12 fM).

Den Fuß beenden, nicht stopfen. Das Loch nicht schließen und den Fuß flach drücken.

Mütze

1. Rd (Cherry): 4 fM in einen Fadenring arb.

2.+3.Rd: Ohne Zunahmen fM häkeln.

4. Rd: 1 fM verdoppeln, 3 fM häkeln (= 5 fM).

5.+6.Rd: Ohne Zunahmen fM häkeln.

7. Rd: 1 fM verdoppeln, 4 fM häkeln (= 6 fM).

8.+9.Rd: Ohne Zunahmen fM häkeln.

10. Rd: 1 fM verdoppeln, 5 fM häkeln (= 7 fM).
11. Rd: 1 fM verdoppeln, 6 fM häkeln (= 8 fM).
12. Rd: 1 fM verdoppeln, 7 fM häkeln (= 9 fM).
13. Rd: Jede 3. fM verdoppeln (= 12 fM).
14. Rd: Ohne Zunahmen fM häkeln.
15. Rd: Jede 4. fM verdoppeln (= 15 fM).
16. Rd: Ohne Zunahmen fM häkeln.
17. Rd: Jede 5. fM verdoppeln (= 18 fM).
18. Rd: Jede 3. fM verdoppeln (= 24 fM).
19. Rd (Ecru): Ohne Zunahmen fM häkeln.
20. Rd: 24 fM häkeln, dabei nur in die vorderen M-Teile einstechen.
21. Rd: Ohne Zunahmen fM häkeln.

Die Mütze beenden und nicht stopfen.
Den Zipfel umknicken und mit einem Stück Faden in Cherry festnähen.

Schal

In Cherry 51 Lm anschl.
Ab der 2. Lm ab Häkelnd 50 fM häkeln.
Den Schal beenden, die Fäden vernähen.
In Ecru pro Schalende 4 Fäden à 5 cm zuschneiden und durch die Enden einziehen.
Die Fäden stutzen.

Fertigstellen

Den Hals so auf dem Körper feststecken, dass die Gans nicht umkippt, und festnähen. Den Schnabel zwischen den Augen an den Kopf nähen. Die Flügel seitlich am Körper annähen und den Schwanz hinten an den Körper nähen. Die Füße vorne unter den Körper nähen. Nun die Mütze auf dem Kopf festnähen. Zuletzt den Schal um den Hals binden.
Den Herzknopf mit farblich passendem Nähgarn am Po des Tieres annähen und ein Label nach Wahl daran befestigen.

KRIPPE

Josef

Schwierigkeitsgrad 2

Größe

ca. 12 cm hoch

Material

- Schachenmayr Bravo (LL 133 m/ 50 g) in Melba (Fb 8322), Cherry (Fb 8309) und Braun (Fb 8281), je 50 g
- Häkelnadel 3,0 mm
- 1 Paar Sicherheitsaugen in Schwarz, ø 6 mm
- Füllwatte, 20 g
- Stickgarn in Schwarz, Rest

Anleitung

Alle Teile, bis auf den Bart, in Spiralrd arb.

Kopf

1. Rd (Melba): 6 fM in einen Fadenring arb.
2. Rd: Jede fM verdoppeln (= 12 fM).
3. Rd: Jede 2. fM verdoppeln (= 18 fM).
4. Rd: Jede 3. fM verdoppeln (= 24 fM).
5. Rd: Ohne Zunahmen fM häkeln.
6. Rd: Jede 4. fM verdoppeln (= 30 fM).
7.-10. Rd: Ohne Zunahmen fM häkeln.
11. Rd: Jede 4. und 5. fM zusammen abmaschen (= 24 fM).
12. Rd: Jede 3. und 4. fM zusammen abmaschen (= 18 fM).
13.-16. Rd: Ohne Abnahmen in Rd häkeln.
Die Sicherheitsaugen mit 2-3 M Abstand zwischen der 13. und 14. Rd anbringen.
17. Rd: Jede 2. und 3. fM zusammen abmaschen (= 12 fM).
Den Kopf nun stopfen.
18. Rd: Je 2 fM zusammen abmaschen (= 6 fM).
Den Kopf beenden. Das Loch am oberen Ende mit dem Restfaden schließen.

Körper

1. Rd (Cherry): 6 fM in einen Fadenring arb.
2. Rd: Jede fM verdoppeln (= 12 fM).
3. Rd: Jede 2. fM verdoppeln (= 18 fM).
4. Rd: Jede 3. fM verdoppeln (= 24 fM).
5. Rd: Jede 4. fM verdoppeln (= 30 fM).
6. Rd: Jede 5. fM verdoppeln (= 36 fM).
7. Rd: 36 fM häkeln, dabei nur in die hinteren M-Teile einstechen.
8.-14. Rd: Ohne Zunahmen fM häkeln.
15. Rd: Jede 5. und 6. fM zusammen abmaschen (= 30 fM).
16. Rd: Jede 4. und 5. fM zusammen abmaschen (= 24 fM).
17. Rd: Jede 3. und 4. fM zusammen abmaschen (= 18 fM).
18. Rd: Jede 2. und 3. fM zusammen abmaschen (= 12 fM).
Den Körper beenden und stopfen.

Arme (2x)

1. Rd (Melba): 6 fM in einen Fadenring arb.
2.+3. Rd: Ohne Zunahmen fM häkeln.
4.-9. Rd (Cherry): Ohne Zunahmen fM häkeln.
Den Arm beenden, nicht stopfen.

Haare

1. Rd (Braun): 6 fM in einen Fadenring arb.

2. Rd: Jede fM verdoppeln (= 12 fM).

3. Rd: Jede 2. fM verdoppeln (= 18 fM).

4. Rd: Jede 3. fM verdoppeln (= 24 fM).

5.-7. Rd: Ohne Zunahmen fM häkeln.

8. Rd: 8 fM, 1 hStb, 1 Stb, 1 DStb, 1 Km, 1 DStb, 1 Stb, 1 hStb, 9 fM.

Die Haare beenden, nicht stopfen.

Bart

In Braun 21 Lm anschl. Die 2. R im Schlaufenstich (siehe Seite 22) häkeln.

1. R: Ab der 2. Lm ab Häkelnd 20 fM häkeln, wenden.

2. R im Schlaufenstich: 1 Lm, im Schlaufenstich 20 M häkeln.

Den Bart beenden. Die Schlaufen können aufgeschnitten werden.

Fertigstellen

Kopf und Körper zusammennähen. Die Arme seitlich an den Körper nähen. Die Haare auf den Kopf nähen. Mit Melba die Nase zwischen den Augen aufsticken (siehe Seite 27). Den Bart auf das Gesicht rund um das „Kinn" annähen und mit schwarzem Stickgarn den Mund aufsticken.

Den Herzknopf mit farblich passendem Nähgarn am Po der Figur annähen und ein Label nach Wahl daran befestigen.

Maria

Schwierigkeitsgrad 1

Größe

ca. 12,5 cm hoch

Material

» Schachenmayr Bravo (LL 133 m/ 50 g) in Melba (Fb 8322), Iris (Fb 8259), Beige (Fb 8312), Wolke (Fb 8302) und Schwarz (Fb 8226), je 50 g

» Häkelnadel 3,0 mm

» 1 Paar Sicherheitsaugen in Schwarz, ø 6 mm

» Füllwatte, 20 g

» Stickgarn in Schwarz, Rest

Anleitung

Alle Teile, bis auf den Gürtel, in Spiralrd arb.

Kopf

1. Rd (Melba): 6 fM in einen Fadenring arb.
2. Rd: Jede fM verdoppeln (= 12 fM).
3. Rd: Jede 2. fM verdoppeln (= 18 fM).
4. Rd: Jede 3. fM verdoppeln (= 24 fM).
5. Rd: Ohne Zunahmen fM häkeln.
6. Rd: Jede 4. fM verdoppeln (= 30 fM).
7.-10. Rd: Ohne Zunahmen fM häkeln.
11. Rd: Jede 4. und 5. fM zusammen abmaschen (= 24 fM).
12. Rd: Jede 3. und 4. fM zusammen abmaschen (= 18 fM).
13.-16. Rd: Ohne Abnahmen fM häkeln.
Die Sicherheitsaugen mit 2-3 M Abstand zwischen der 13. und 14. Rd anbringen.
17. Rd: Jede 2. und 3. fM zusammen abmaschen (= 12 fM).
Den Kopf nun stopfen.
18. Rd: Je 2 fM zusammen abmaschen (= 6 fM).
Den Kopf beenden. Das Loch am oberen Ende mit dem Restfaden schließen.

Körper

1. Rd (Iris): 6 fM in einen Fadenring arb.
2. Rd: Jede fM verdoppeln (= 12 fM).
3. Rd: Jede 2. fM verdoppeln (= 18 fM).
4. Rd: Jede 3. fM verdoppeln (= 24 fM).
5. Rd: Jede 4. fM verdoppeln (= 30 fM).
6. Rd: Jede 5. fM verdoppeln (= 36 fM).
7. Rd: 36 fM häkeln, dabei nur in die hinteren M-Teile einstechen.
8.-13. Rd: Ohne Zunahmen fM häkeln.
14. Rd: Je 2 fM zusammen abmaschen (= 18 fM).
15.-18. Rd: Ohne Abnahmen fM häkeln.
Den Körper nun stopfen.
19. Rd: Jede 2. und 3. M zusammen abmaschen (= 12 fM).
Den Körper beenden.

Arme (2x)

1. Rd (Melba): 6 fM in einen Fadenring arb.
2.+3. Rd: Ohne Zunahmen fM häkeln.
4.-7. Rd (Iris): Ohne Zunahmen fM häkeln.
Den Arm beenden, nicht stopfen.

Haube

1. Rd (Wolke): 6 fM in einen Fadenring arb.
2. Rd: Jede fM verdoppeln (= 12 fM).
3. Rd: Jede 2. fM verdoppeln (= 18 fM).
4. Rd: Jede 3. fM verdoppeln (= 24 fM).
5. Rd: Ohne Zunahmen fM häkeln.
Ab jetzt in R weiterhäkeln.
6.-18. R: 1 Lm, 16 fM häkeln, wenden.
Die Haube beenden.

Gürtel

In Wolke 40 Lm anschl und beenden.

Fertigstellen

Kopf und Körper zusammennähen. Die Arme seitlich an den Körper nähen. Mit Beige die Haare oberhalb der Augen auf den Kopf sticken. Mit Melba die Nase zwischen den Augen aufsticken (siehe Seite 27). Mit schwarzem Stickgarn den Mund aufsticken. Die Haube auf den Kopf setzen und festnähen. Gürtel um die Taille binden.
Den Herzknopf mit farblich passendem Nähgarn am Po der Figur annähen und ein Label nach Wahl daran befestigen.

Jesuskind

Schwierigkeitsgrad 2

Größe

Ca. 9 cm lang

Material

- » Schachenmayr Bravo (LL 133 m/ 50 g) in Melba (Fb 8322), Ecru (Fb 8200), Weiß (Fb 8224), Braun (Fb 8281) und Gelb (Fb 8210), je 50 g
- » Häkelnadel 3,0 mm
- » 1 Paar Sicherheitsaugen in Schwarz, ø 6 mm
- » Füllwatte, 10 g

Anleitung

Alle Teile, bis auf die Decke und das Strohbündel, in Spiralrd arb.

Kopf

1. Rd (Melba): 6 fM in einen Fadenring arb.
2. Rd: Jede fM verdoppeln (= 12 fM).
3. Rd: Jede 4. fM verdoppeln (= 15 fM).
4.+5. Rd: Ohne Zunahmen fM häkeln.
Den Kopf nun stopfen.
6. Rd: Jede 4. und 5. fM zusammen abmaschen (= 12 fM).
7. Rd: Jede 2. und 3. fM zusammen abmaschen (= 8 fM).
8.+9. Rd: Ohne Abnahmen in Rd häkeln.
Die Sicherheitsaugen mit 2-3 M Abstand zwischen der 7. und 8. Rd anbringen.
10. Rd: Jede 3. und 4. fM zusammen abmaschen (= 6 fM).
Den restlichen Kopf nun stopfen. Den Kopf beenden und das Loch verschließen.

Körper

1. Rd (Ecru): 6 fM in einen Fadenring arb.
2. Rd: Jede fM verdoppeln (= 12 fM).
3. Rd: Jede 4. fM verdoppeln (= 15 fM).
4.-9. Rd: Ohne Zunahmen fM häkeln.
10. Rd: Jede 4. und 5. fM zusammen abmaschen (= 12 fM).
11. Rd: Jede 2. und 3. fM zusammen abmaschen (= 8 fM).

Den Körper nun beenden. Fest stopfen.

Decke

In Weiß 20 Lm anschl.
1. R: Ab der 4. Lm ab Häkelnd 17 Stb häkeln, wenden.
2.-9. R: 2 Lm, 17 Stb häkeln, wenden.

Die Decke beenden.

Krippe

1. Rd (Braun): 6 fM in einen Fadenring arb.
2. Rd: Jede fM verdoppeln (= 12 fM).
3. Rd: Jede 2. fM verdoppeln (= 18 fM).
4. Rd: Jede 3. fM verdoppeln (= 24 fM).
5. Rd: Jede 4. fM verdoppeln (= 30 fM).
6. Rd: Jede 5. fM verdoppeln (= 36 fM).
7.-18. Rd: Ohne Zunahmen fM häkeln.
19. Rd: Jede 5. und 6. fM zusammen abmaschen (= 30 fM).
20. Rd: Jede 4. und 5. fM zusammen abmaschen (= 24 fM).
21. Rd: Jede 3. und 4. fM zusammen abmaschen (= 18 fM).
22. Rd: Jede 2. und 3. fM zusammen abmaschen (= 12 fM).
23. Rd: Je 2 fM zusammen abmaschen (= 6 fM).

Die Krippe beenden, nicht stopfen. Flach drücken, sodass in der Mitte eine Mulde entsteht.

Strohbündel (4x)

In Gelb 40 Fäden à 10 cm Länge abschneiden. Je 10 Fäden in der Mitte mit einem weiteren Faden zum Bündel zusammenbinden.

Fertigstellen

Kopf und Körper zusammennähen. Zwischen den Augen eine Nase aufsticken (siehe Seite 27). Das Baby mit dem Kopf in einer Ecke auf die Decke legen. Die nach unten zeigende Ecke hochklappen und am Körper festnähen. Dann die Seiten zum Körper hin einschlagen und festnähen.

Strohbündel auf die Krippe legen und gegebenenfalls festnähen. Das Jesuskind auf die fertige Krippe legen und annähen. Gegebenenfalls den Herzknopf mit passendem Nähgarn seitlich an der Krippe annähen und ein Label nach Wahl daran befestigen.

Ochse

Schwierigkeitsgrad 2

Größe

ca. 9 cm hoch

Material

» Schachenmayr Bravo (LL 133 m/50 g) in Holz meliert (Fb 8197), Melba (Fb 8322) und Leinen (Fb 8345), je 50 g

» Häkelnadel 3,0 mm

» 1 Paar Sicherheitsaugen in Schwarz, ø 6 mm

» Füllwatte, 20 g

Anleitung

Alle Teile, bis auf den Schwanz, in Spiralrd arb.

Kopf

1. Rd (Melba): 6 fM in einen Fadenring arb.
2. Rd: Jede fM verdoppeln (= 12 fM).
3. Rd: Jede 2. fM verdoppeln (= 18 fM).
4. Rd: Jede 3. fM verdoppeln (= 24 fM).
5. Rd: Ohne Zunahmen fM häkeln.
6. Rd: Jede 4. fM verdoppeln (= 30 fM).
7.-10. Rd (Holz meliert): Ohne Zunahmen fM häkeln.
11. Rd: Jede 4. und 5. fM zusammen abmaschen (= 24 fM).
12. Rd: Jede 3. und 4. fM zusammen abmaschen (= 18 fM).
13.-16. Rd: Ohne Abnahmen fM häkeln.
Die Sicherheitsaugen mit 2-3 M Abstand zwischen der 13. und 14. Rd anbringen.
17. Rd: Jede 2. und 3. fM zusammen abmaschen (= 12 fM).
Den Kopf nun stopfen.
18. Rd: Je 2 fM zusammen abmaschen (= 6 fM).
Den Kopf beenden. Das Loch am oberen Ende mit dem Restfaden schließen.

Körper

1. Rd (Holz meliert): 6 fM in einen Fadenring arb.
2. Rd: Jede fM verdoppeln (= 12 fM).
3. Rd: Jede 2. fM verdoppeln (= 18 fM).
4. Rd: Jede 3. fM verdoppeln (= 24 fM).
5. Rd: Jede 4. fM verdoppeln (= 30 fM).
6. Rd: Jede 5. fM verdoppeln (= 36 fM).
7.-11. Rd: Ohne Zunahmen fM häkeln.
12. Rd: Jede 5. und 6. fM zusammen abmaschen (= 30 fM).
13. Rd: Jede 4. und 5. fM zusammen abmaschen (= 24 fM).
14. Rd: Jede 3. und 4. fM zusammen abmaschen (= 18 fM).
15. Rd: Jede 2. und 3. fM zusammen abmaschen (= 12 fM).
Den Körper beenden und stopfen.

Beine (4x)

1. Rd (Leinen): 6 fM in einen Fadenring arb.
2. Rd: Jede 2. fM verdoppeln (= 9 fM).
3. Rd: Ohne Zunahmen fM häkeln.
4.-6. Rd (Holz meliert): Ohne Zunahmen fM häkeln.
Das Bein beenden und stopfen.

Ohren (2x)

1. Rd (Holz meliert): 4 fM in einen Fadenring arb.
2. Rd: Jede 2. fM verdoppeln (= 6 fM).
3.+4. Rd: Ohne Zunahmen fM häkeln.
Das Ohr beenden, nicht stopfen.

Hörner (2x)

1. Rd (Leinen): 4 fM in einen Fadenring arb.
2. Rd: Die 1. fM verdoppeln, 3 fM (= 5 fM).
3. Rd: Ohne Zunahmen fM häkeln.
4. Rd: Die 1. fM verdoppeln, 4 fM (= 6 fM).
5. Rd: Ohne Zunahmen fM häkeln.
Das Horn beenden, nicht stopfen.

Schwanz

In Holz meliert 7 Lm anschl. Ab der 2. Lm ab Häkelnd 6 fM häkeln.
Den Schwanz beenden.
4 Fäden in Leinen à 5 cm durch das Ende des Schwanzes knüpfen.

Fertigstellen

Die Ohren seitlich an den Kopf nähen. Die Hörner zwischen den Ohren auf den Kopf nähen.
Den Kopf auf den Körper setzen und provisorisch feststecken. Die Beine unter den Körper nähen, dabei mit dem Kopf so ausbalancieren, dass der Ochse alleine stehen kann. Nun erst den Kopf festnähen. Den Schwanz hinten auf den Körper nähen. In Leinen die Nüstern vorne auf den Kopf sticken.
Den Herzknopf mit farblich passendem Nähgarn am Po des Tieres annähen und ein Label nach Wahl daran befestigen.

Esel

Schwierigkeitsgrad 2

Größe

ca. 9 cm hoch

Material

» Schachenmayr Bravo (LL 133 m/ 50 g) in Hellgrau meliert (Fb 8295), Mittelgrau meliert (Fb 8319) und Weiß (Fb 8224), je 50 g

» Häkelnadel 3,0 mm

» 1 Paar Sicherheitsaugen in Schwarz, ø 6 mm

» Füllwatte, 20 g

Anleitung

Alle Teile, bis auf den Schwanz, in Spiralrd arb.

Kopf

1. Rd (Weiß): 6 fM in einen Fadenring arb.
2. Rd: Jede fM verdoppeln (= 12 fM).
3. Rd: Jede 2. fM verdoppeln (= 18 fM).
4. Rd: Jede 3. fM verdoppeln (= 24 fM).
5. Rd: Ohne Zunahmen fM häkeln.
6. Rd: Jede 4. fM verdoppeln (= 30 fM).
7.+8. Rd (Hellgrau meliert): Ohne Zunahmen fM häkeln.
9.+10. Rd: Ohne Zunahmen fM häkeln.
11. Rd: Jede 4. und 5. fM zusammen abmaschen (= 24 fM).
12. Rd: Jede 3. und 4. fM zusammen abmaschen (= 18 fM).
13.-16. Rd: Ohne Abnahmen in Rd häkeln.
Die Sicherheitsaugen mit 2-3 M Abstand zwischen der 13. und 14. Rd anbringen.
17. Rd: Jede 2. und 3. fM zusammen abmaschen (= 12 fM).
Den Kopf nun stopfen.
18. Rd: Je 2 fM zusammen abmaschen (= 6 fM).
Den Kopf beenden. Das Loch am oberen Ende mit dem Restfaden schließen.

Körper

1. Rd (Hellgrau meliert): 6 fM in einen Fadenring arb.
2. Rd: Jede fM verdoppeln (= 12 fM).
3. Rd: Jede 2. fM verdoppeln (= 18 fM).
4. Rd: Jede 3. fM verdoppeln (= 24 fM).
5. Rd: Jede 4. fM verdoppeln (= 30 fM).
6. Rd: Jede 5. fM verdoppeln (= 36 fM).
7.-11. Rd: Ohne Zunahmen fM häkeln.
12. Rd: Jede 5. und 6. fM zusammen abmaschen (= 30 fM).
13. Rd: Jede 4. und 5. fM zusammen abmaschen (= 24 fM).
14. Rd: Jede 3. und 4. fM zusammen abmaschen (= 18 fM).
15. Rd: Jede 2. und 3. fM zusammen abmaschen (= 12 fM).
16.-17. Rd: Ohne Abnahmen in Rd häkeln.
Den Körper beenden und stopfen.

Ohren (2x)

1. Rd (Hellgrau meliert): 6 fM in einen Fadenring arb.
2. Rd: Ohne Zunahmen fM häkeln.
3. Rd: Jede 2. fM verdoppeln (= 9 fM).
4.-7. Rd: Ohne Zunahmen fM häkeln.
8. Rd: Jede 2. und 3. fM zusammen abmaschen (= 6 fM).
Das Ohr beenden, nicht stopfen.

Beine (4x)

1. Rd (Mittelgrau meliert): 6 fM in einen Fadenring arb.
2. Rd: Jede 2. fM verdoppeln (= 9 fM).
3. Rd: Ohne Zunahmen fM häkeln.
4.-6. Rd (Hellgrau): Ohne Zunahmen fM häkeln.
Das Bein beenden und stopfen.

Schwanz

In Hellgrau 7 Lm anschl. Ab der 2. Lm ab Häkelnd 6 fM häkeln.
Den Schwanz beenden.
4 Fäden in Mittelgrau à 5 cm durch das Ende des Schwanzes knüpfen.

Fertigstellen

Die Ohren auf den Kopf nähen. Den Kopf auf den Körper setzen und provisorisch feststecken. Die Beine unter den Körper nähen, dabei mit dem Kopf so ausbalancieren, dass der Esel alleine stehen kann. Nun erst den Kopf festnähen. Den Schwanz hinten an den Körper nähen. In Mittelgrau die Nüstern vorne auf den weißen Teil des Kopfes sticken. 4 Fäden in Mittelgrau à 5 cm abschneiden und als Haare zwischen den Ohren auf den Kopf knüpfen.
Den Herzknopf mit farblich passendem Nähgarn am Po des Tieres annähen und ein Label nach Wahl daran befestigen.

Die Hirten

Schwierigkeitsgrad 3

Größe

ca. 12 cm hoch

Material

» Schachenmayr Bravo (LL 133 m/ 50 g) in Melba (Fb 8322), Sisal meliert (Fb 8267), Holz meliert (Fb 8197), Weiß (Fb 8224) und Beige (Fb 8312), je 50 g

» Häkelnadel 3,0 mm

» 1 Paar Sicherheitsaugen in Schwarz, ø 6 mm, je Figur

» Füllwatte, 20 g, je Figur

HINWEIS: Mit dem angegebenen Material lassen sich beide Figuren häkeln.

Anleitung

Alle Teile, bis auf Bart, Umhang und Bänder, in Spiralrd arb.

Kopf

1. Rd (Melba): 6 fM in einen Fadenring arb.
2. Rd: Jede fM verdoppeln (= 12 fM).
3. Rd: Jede 2. fM verdoppeln (= 18 fM).
4. Rd: Jede 3. fM verdoppeln (= 24 fM).
5. Rd: Ohne Zunahmen fM häkeln.
6. Rd: Jede 4. fM verdoppeln (= 30 fM).
7.-10. Rd: Ohne Zunahmen fM häkeln.
11. Rd: Jede 4. und 5. fM zusammen abmaschen (= 24 fM).
12. Rd: Jede 3. und 4. fM zusammen abmaschen (= 18 fM).
13.-16. Rd: Ohne Abnahmen in Rd häkeln.

Die Sicherheitsaugen mit 2-3 M Abstand zwischen der 13. und 14. Rd anbringen.

17. Rd: Jede 2. und 3. fM zusammen abmaschen (= 12 fM).

Den Kopf nun stopfen.

18. Rd: Je 2 fM zusammen abmaschen (= 6 fM).

Den Kopf beenden. Das Loch am oberen Ende mit dem Restfaden schließen.

Körper

1. Rd (Sisal meliert): 6 fM in einen Fadenring arb.
2. Rd: Jede fM verdoppeln (= 12 fM).
3. Rd: Jede 2. fM verdoppeln (= 18 fM).
4. Rd: Jede 3. fM verdoppeln (= 24 fM).
5. Rd: Jede 4. fM verdoppeln (= 30 fM).
6. Rd: Jede 5. fM verdoppeln (= 36 fM).
7. Rd: 36 fM häkeln, dabei nur in die hinteren M-Teile einstechen.
8.-14. Rd: Ohne Zunahmen fM häkeln.
15. Rd: Jede 5. und 6. fM zusammen abmaschen (= 30 fM).
16. Rd: Jede 4. und 5. fM zusammen abmaschen (= 24 fM).
17. Rd: Jede 3. und 4. fM zusammen abmaschen (= 18 fM).
18. Rd: Jede 2. und 3. fM zusammen abmaschen (= 12 fM).

Den Körper beenden und stopfen.

Arme (2x)

1. Rd (Melba): 6 fM in einen Fadenring arb.
2.-3. Rd: Ohne Zunahmen fM häkeln.
4.-9. Rd (Sisal meliert): Ohne Zunahmen fM häkeln.

Den Arm beenden, nicht stopfen.

Haare

1. Rd (Weiß oder Beige): 6 fM in einen Fadenring arb.
2. Rd: Jede fM verdoppeln (= 12 fM).
3. Rd: Jede 2. fM verdoppeln (= 18 fM).
4. Rd: Jede 3. fM verdoppeln (= 24 fM).
5.-7. Rd: Ohne Zunahmen fM häkeln.
8. Rd: 8 fM, 1 hStb, 1 Stb, 1 DStb, 1 Km, 1 DStb, 1 Stb, 1 hStb, 9 fM.

Die Haare beenden, nicht stopfen.

Bart

Die 2. und 4. R werden im Schlaufenstich (siehe Seite 22) gehäkelt. In Weiß oder Beige 19 Lm anschl.

1. R: Ab der 2. Lm ab Häkelnd 18 fM häkeln, wenden.

2. R im Schlaufenstich: 1 Lm, die nächste fM übergehen, im Schlaufenstich 7 M häkeln, 2 fM übergehen, 6 M im Schlaufenstich häkeln, 2 M zusammen im Schlaufenstich abmaschen, wenden.

3. R: 1 Lm, 6 fM, 2 M zusammen abmaschen, 6 fM, wenden.

4. R im Schlaufenstich: 1 Lm, 6 M im Schlaufenstich häkeln, 1 fM übergehen, 6 M im Schlaufenstich.

Den Bart beenden. Die Schlaufen können aufgeschnitten werden.

Umhang

In Holz meliert 12 Lm anschl.

1. R: Ab der 3. Lm ab Häkelnd 10 hStb häkeln, wenden (= 10 hStb).

2. R: 2 Lm, 10 hStb, wenden (= 10 hStb).

3. R: 2 Lm, jedes hStb verdoppeln, wenden (= 20 hStb).

4. R: 2 Lm, jedes 2. hStb verdoppeln, wenden (= 30 hStb).

5.-8. R: 2 Lm, 30 hStb, wenden.

Den Umhang beenden.

Bänder für Umhang

In Holz meliert 35 Lm anschl und beenden.

Hut

1. Rd (Holz meliert): 6 fM in einen Fadenring arb.

2. Rd: Jede fM verdoppeln (= 12 fM).

3. Rd: Jede 2. fM verdoppeln (= 18 fM).

4. Rd: Jede 3. fM verdoppeln (= 24 fM).

5.+6. Rd: Ohne Zunahmen fM häkeln.

7. Rd: Jede fM verdoppeln (= 48 fM).

8. Rd: Ohne Zunahmen fM häkeln.

Den Hut beenden, nicht stopfen.

Fertigstellen

Kopf und Körper zusammennähen. Die Arme seitlich an den Körper nähen. Die Haare auf den Kopf nähen, die Kettmasche markiert die Mitte der Stirn.

Mit einem Faden in Melba die Nase zwischen den Augen aufsticken (siehe Seite 27). Den Bart auf das Gesicht unterhalb der Nase annähen.

Die Bänder durch die 2. R des Umhangs ziehen. Den Umhang um den Hals binden. Den Hut auf den Kopf des weißhaarigen Hirten setzen und festnähen.

Den Herzknopf mit farblich passendem Nähgarn am Po der Figuren annähen und ein Label nach Wahl daran befestigen.

Die Schäfchen

Schwierigkeitsgrad 2

Größe

ca. 5 cm hoch

Material

- Schachenmayr Bravo (LL 133 m/ 50 g) in Weiß (Fb 8224) und Sisal meliert (Fb 8267), je 50 g
- Häkelnadel 3,0 mm
- 1 Paar Sicherheitsaugen in Schwarz, ø 6 mm
- Füllwatte, 10 g

HINWEIS: Das angegebene Material reicht für mehrere Schäfchen.

Anleitung

Alle Teile in Spiralrd arb.

Kopf

1. Rd (Sisal meliert): 6 fM in einen Fadenring arb.

2. Rd: Jede fM verdoppeln (= 12 fM).

3. Rd: Jede 2. fM verdoppeln (= 18 fM).

4.-6. Rd: Ohne Zunahmen fM häkeln.

7. Rd: Jede 2. und 3. fM zusammen abmaschen (= 12 fM).

8. Rd: Jede 2. und 3. fM zusammen abmaschen (= 8 fM).

9.-11. Rd: Ohne Abnahmen fM häkeln.

Die Sicherheitsaugen mit 2-3 M Abstand zwischen der 9. und 10. Rd anbringen.

Den Kopf nun stopfen.

12. Rd: Jede 3. und 4. fM zusammen abmaschen (= 6 fM).

Den Kopf beenden und das Loch verschließen.

Körper

Den Körper komplett im Schlaufenstich (siehe Seite 22) häkeln.

1. Rd (Weiß): 7 M im Schlaufenstich in einen Fadenring arb.

2. Rd: Jede M verdoppeln (= 14 M).

3. Rd: Jede 2. M verdoppeln (= 21 M).

4.-6. Rd: Ohne Zunahmen M im Schlaufenstich häkeln.

7. Rd: Jede 2. und 3. M zusammen abmaschen (= 14 M).

Den Körper beenden und fest stopfen.

Ohren (2x)

1. Rd (Sisal meliert): 5 fM in einen Fadenring arb.

2. Rd: Ohne Zunahmen fM häkeln.

Das Ohr beenden, nicht stopfen.

Fertigstellen

Die Ohren seitlich an den Kopf nähen. Kopf und Körper zusammennähen.

Den Herzknopf mit farblich passendem Nähgarn am Po des Tieres annähen und ein Label nach Wahl daran befestigen.

Caspar

Schwierigkeitsgrad 2

Größe

Ca. 12,5 cm hoch

Material

- Schachenmayr Bravo (LL 133 m/ 50 g) in Melba (Fb 8322), Farn (Fb 8191), Weiß (Fb 8224), Beige (Fb 8312) und Gelb (Fb 8210), je 50 g
- Häkelnadel 3,0 mm
- 1 Paar Sicherheitsaugen in Schwarz, ø 6 mm
- Füllwatte, 20 g
- Stickgarn in Schwarz, Rest

Anleitung

Alle Teile, bis auf Umhang, Bänder und Krone, in Spiralrd arb.

Kopf

1. Rd (Melba): 6 fM in einen Fadenring arb.
2. Rd: Jede fM verdoppeln (= 12 fM).
3. Rd: Jede 2. fM verdoppeln (= 18 fM).
4. Rd: Jede 3. fM verdoppeln (= 24 fM).
5. Rd: Ohne Zunahmen fM häkeln.
6. Rd: Jede 4. fM verdoppeln (= 30 fM).
7.-10. Rd: Ohne Zunahmen fM häkeln.
11. Rd: Jede 4. und 5. fM zusammen abmaschen (= 24 fM).
12. Rd: Jede 3. und 4. fM zusammen abmaschen (= 18 fM).
13.-16. Rd: Ohne Abnahmen in Rd häkeln.
Die Sicherheitsaugen mit 2-3 M Abstand zwischen der 13. und 14. Rd anbringen.
17. Rd: Jede 2. und 3. fM zusammen abmaschen (= 12 fM).
Den Kopf nun stopfen.
18. Rd: Je 2 fM zusammen abmaschen (= 6 fM).
Den Kopf beenden. Das Loch am oberen Ende mit dem Restfaden schließen.

Körper

1. Rd (Weiß): 6 fM in einen Fadenring arb.
2. Rd: Jede fM verdoppeln (= 12 fM).
3. Rd: Jede 2. fM verdoppeln (= 18 fM).
4. Rd: Jede 3. fM verdoppeln (= 24 fM).
5. Rd: Jede 4. fM verdoppeln (= 30 fM).
6. Rd: Jede 5. fM verdoppeln (= 36 fM).
7. Rd: 36 fM häkeln, dabei nur in die hinteren M-Teile einstechen.
8.-14. Rd: Ohne Zunahmen fM häkeln.
15. Rd: Jede 5. und 6. fM zusammen abmaschen (= 30 fM).
16. Rd: Jede 4. und 5. fM zusammen abmaschen (= 24 fM).
17. Rd: Jede 3. und 4. fM zusammen abmaschen (= 18 fM).
18. Rd: Jede 2. und 3. fM zusammen abmaschen (= 12 fM).
Den Körper beenden und stopfen.

Arme (2x)

1. Rd (Melba): 6 fM in einen Fadenring arb.
2.-3. Rd: Ohne Zunahmen fM häkeln.
4.-9. Rd (Weiß): Ohne Zunahmen fM häkeln.
Den Arm beenden, nicht stopfen.

Haare

1. Rd (Beige): 6 fM in einen Fadenring arb.
2. Rd: Jede fM verdoppeln (= 12 fM).
3. Rd: Jede 2. fM verdoppeln (= 18 fM).
4. Rd: Jede 3. fM verdoppeln (= 24 fM).
5.-7. Rd: Ohne Zunahmen fM häkeln.
8. Rd: 8 fM, 1 hStb, 1 Stb, 1 DStb, 1 Km, 1 DStb, 1 Stb, 1 hStb, 9 fM.
Die Haare beenden, nicht stopfen.

Umhang

In Farn 12 Lm anschl.
1. R: Ab der 3. Lm ab Häkelnd 10 hStb häkeln, wenden.
2. R: 2 Lm, 10 hStb, wenden.
3. R: 2 Lm, jedes hStb verdoppeln, wenden (= 20 hStb).
4. R: 2 Lm, jedes 2. hStb verdoppeln, wenden (= 30 hStb).
5.-8. R: 2 Lm, 30 hStb, wenden.
Den Umhang beenden.

Bänder für Umhang

In Farn 35 Lm anschl und beenden.

Krone

In Gelb 19 Lm anschl.
1. R: Ab der 2. Lm ab Häkelnd 18 fM häkeln, wenden.
2. R: 1 Lm, 1 Km in die 1. fM der Vor-Rd, dann * 3 Lm, 1 Km in dieselbe fM der Vor-Rd, je 1 Km in die nächsten 3 fM, ab * noch 5x wdh, mit 1 Km in die 1. Km der R zur Rd schließen.
Die Krone beenden.

Fertigstellen

Kopf und Körper zusammennähen. Die Arme seitlich an den Körper nähen. Die Haare auf den Kopf nähen, die Kettmasche markiert die Mitte der Stirn. Mit Melba die Nase zwischen den Augen aufsticken (siehe Seite 27). Mit schwarzem Stickgarn einen Mund aufsticken. Die Bänder durch die 2. R des Umhangs fädeln und den Umhang umbinden. Die Krone auf den Kopf nähen.
Den Herzknopf mit farblich passendem Nähgarn am Po der Figur annähen und ein Label nach Wahl daran befestigen.

Melchior

Schwierigkeitsgrad 2

Größe

ca. 13 cm hoch

Material

» Schachenmayr Bravo (LL 133 m/ 50 g) in Beige (Fb 8312), Weiß (Fb 8224), Schwarz (Fb 8226), Flieder (Fb 8190), Gelb (Fb 8210) und Royal (Fb 8211), je 50 g

» Häkelnadel 3,0 mm

» 1 Paar Sicherheitsaugen in Schwarz, ø 6 mm

» Füllwatte, 20 g

» Stickgarn in Schwarz, Rest

Anleitung

Alle Teile, bis auf Bart, Umhang, Bänder und Goldmedaille, in Spiralrd arb.

Kopf

1. Rd (Beige): 6 fM in einen Fadenring arb.
2. Rd: Jede fM verdoppeln (= 12 fM).
3. Rd: Jede 2. fM verdoppeln (= 18 fM).
4. Rd: Jede 3. fM verdoppeln (= 24 fM).
5. Rd: Ohne Zunahmen fM häkeln.
6. Rd: Jede 4. fM verdoppeln (= 30 fM).
7.-10. Rd: Ohne Zunahmen fM häkeln.
11. Rd: Jede 4. und 5. fM zusammen abmaschen (= 24 fM).
12. Rd: Jede 3. und 4. fM zusammen abmaschen (= 18 fM).
13.-16. Rd: Ohne Abnahmen fM häkeln.
Die Sicherheitsaugen mit 2-3 M Abstand zwischen der 13. und 14. Rd anbringen.
17. Rd: Jede 2. und 3. fM zusammen abmaschen (= 12 fM).
Den Kopf nun stopfen.
18. Rd: Je 2 fM zusammen abmaschen (= 6 fM).
Den Kopf beenden. Das Loch am oberen Ende mit dem Restfaden schließen.

Körper

1. Rd (Flieder): 6 fM in einen Fadenring arb.
2. Rd: Jede fM verdoppeln (= 12 fM).
3. Rd: Jede 2. fM verdoppeln (= 18 fM).
4. Rd: Jede 3. fM verdoppeln (= 24 fM).
5. Rd: Jede 4. fM verdoppeln (= 30 fM).
6. Rd: Jede 5. fM verdoppeln (= 36 fM).
7. Rd: 36 fM häkeln, dabei nur in die hinteren M-Teile einstechen.
8.-14. Rd: Ohne Zunahmen fM häkeln.
15. Rd: Jede 5. und 6. fM zusammen abmaschen (= 30 fM).
16. Rd: Jede 4. und 5. fM zusammen abmaschen (= 24 fM).
17. Rd: Jede 3. und 4. fM zusammen abmaschen (= 18 fM).
18. Rd: Jede 2. und 3. fM zusammen abmaschen (= 12 fM).
Den Körper beenden und stopfen.

Arme (2x)

1. Rd (Beige): 6 fM in einen Fadenring arb.
2.+3. Rd: Ohne Zunahmen fM häkeln.
4.-9. Rd (Flieder): Ohne Zunahmen fM häkeln.
Den Arm beenden, nicht stopfen.

Haare

1. Rd (Schwarz): 6 fM in einen Fadenring arb.
2. Rd: Jede fM verdoppeln (= 12 fM).
3. Rd: Jede 2. fM verdoppeln (= 18 fM).
4. Rd: Jede 3. fM verdoppeln (= 24 fM).
5.-7. Rd: Ohne Zunahmen fM häkeln.
8. Rd: 8 fM, 1 hStb, 1 Stb, 1 DStb, 1 Km, 1 DStb, 1 Stb, 1 hStb, 9 fM.
Die Haare beenden, nicht stopfen.

Bart

Die 2. R im Schlaufenstich (siehe Seite 22) häkeln.
In Schwarz 21 Lm anschl.
1. R: Ab der 2. Lm ab Häkelnd 20 fM häkeln, wenden.
2. R im Schlaufenstich: 1 Lm, im Schlaufenstich 20 M häkeln.

Den Bart beenden. Die Schlaufen können aufgeschnitten werden.

Umhang

In Royal 17 Lm anschl.
1. R: Ab der 3. Lm ab Häkelnd 15 hStb häkeln, wenden (= 15 hStb), wenden.
2. R: 2 Lm, 15 hStb, wenden.
3. R: 2 Lm, jedes 2. und 3. hStb zusammen abmaschen, wenden (= 10 hStb).
4. R: 2 Lm, 10 hStb, wenden.
5. R: 2 Lm, jedes hStb verdoppeln, wenden (= 20 hStb).
6. R: 2 Lm, jedes 2. hStb verdoppeln, wenden (= 30 hStb).
7.-10. R: 2 Lm, 30 hStb, wenden.
Den Umhang beenden.

Bänder für Umhang

In Royal 35 Lm anschl und beenden.

Turban

1. Rd (Weiß): 6 fM in einen Fadenring arb.
2. Rd: Jede fM verdoppeln (= 12 fM).
3. Rd: Jede 2. fM verdoppeln (= 18 fM).
4. Rd: Jede 3. fM verdoppeln (= 24 fM).
5. Rd: Ohne Zunahmen fM häkeln.
6. Rd: Jede 8. fM verdoppeln (= 27 fM).
7. Rd: Jede 8. und 9. fM zusammen abmaschen (= 24 fM).
8. Rd: Jede 3. und 4. fM zusammen abmschen (= 18 fM).
9. Rd: Jede 2. und 3. fM zusammen abmaschen (= 12 fM).
Den Turban beenden, nicht stopfen.

Goldmedaille für Turban

In Gelb 6 fM in einen Fadenring arb.
Medaille beenden.

Goldkugel für Turban

1. Rd (Gelb): 6 fM in einen Fadenring arb.
2. Rd: Ohne Zunahmen fM häkeln.
Die Goldkugel beenden, nicht stopfen.

Fertigstellen

Kopf und Körper zusammennähen. Die Arme seitlich an den Körper nähen. Die Haare auf den Kopf nähen. Mit Beige die Nase zwischen den Augen aufsticken (siehe Seite 27). Den Bart auf das Gesicht rund um das Kinn nähen. Mit schwarzem Stickgarn den Mund aufsticken. Die Bänder zwischen der 3. und 4. Rd des Umhangs einziehen. Den Umhang um den Hals binden. Den Turban flach drücken und mit der offenen Seite auf den Kopf nähen. In die Mitte des Turbans die Goldkugel nähen. Die Goldmedaille oberhalb der Stirn an den Turban nähen.
Den Herzknopf mit farblich passendem Nähgarn am Po der Figur annähen und ein Label nach Wahl daran befestigen.

Balthasar

Anleitung

Alle Teile, bis auf Bart, Umhang, Bänder und Krone, in Spiralrd arb.

Kopf

1. Rd (Melba): 6 fM in einen Fadenring arb.
2. Rd: Jede fM verdoppeln (= 12 fM).
3. Rd: Jede 2. fM verdoppeln (= 18 fM).
4. Rd: Jede 3. fM verdoppeln (= 24 fM).
5. Rd: Ohne Zunahmen fM häkeln.
6. Rd: Jede 4. fM verdoppeln (= 30 fM).
7.-10. Rd: Ohne Zunahmen fM häkeln.
11. Rd: Jede 4. und 5. fM zusammen abmaschen (= 24 fM).
12. Rd: Jede 3. und 4. fM zusammen abmaschen (= 18 fM).
13.-16. Rd: Ohne Abnahmen fM häkeln.
Die Sicherheitsaugen mit 2-3 M Abstand zwischen der 13. und 14. Rd anbringen.
17. Rd: Jede 2. und 3. fM zusammen abmaschen (= 12 fM).
Den Kopf nun stopfen.
18. Rd: Je 2 fM zusammen abmaschen (= 6 fM).
Den Kopf beenden. Das Loch am oberen Ende mit dem Restfaden schließen.

Körper

1. Rd (Feuer): 6 fM in einen Fadenring arb.
2. Rd: Jede fM verdoppeln (= 12 fM).
3. Rd: Jede 2. fM verdoppeln (= 18 fM).
4. Rd: Jede 3. fM verdoppeln (= 24 fM).
5. Rd: Jede 4. fM verdoppeln (= 30 fM).
6. Rd: Jede 5. fM verdoppeln (= 36 fM).
7. Rd: 36 fM häkeln, dabei nur in die hinteren M-Teile einstechen.
8.-14. Rd: Ohne Zunahmen fM häkeln.

15. Rd: Jede 5. und 6. fM zusammen abmaschen (= 30 fM).
16. Rd: Jede 4. und 5. fM zusammen abmaschen (= 24 fM).
17. Rd: Jede 3. und 4. fM zusammen abmaschen (= 18 fM).
18. Rd: Jede 2. und 3. fM zusammen abmaschen (= 12 fM).
Den Körper beenden und stopfen.

Arme (2x)

1. Rd (Melba): 6 fM in einen Fadenring arb.
2.+3. Rd: Ohne Zunahmen fM häkeln.
4.-9. Rd (Feuer): Ohne Zunahmen fM häkeln.
Den Arm beenden, nicht stopfen.

Haare

1. Rd (Hellgrau meliert): 6 fM in einen Fadenring arb.
2. Rd: Jede fM verdoppeln (= 12 fM).
3. Rd: Jede 2. fM verdoppeln (= 18 fM).
4. Rd: Jede 3. fM verdoppeln (= 24 fM).
5.-7. Rd: Ohne Zunahmen fM häkeln.
8. Rd: 8 fM, 1 hStb, 1 Stb, 1 DStb, 1 Km, 1 DStb, 1 Stb, 1 hStb, 9 fM.
Die Haare beenden, nicht stopfen.

Bart

Die 2. und 4. R im Schlaufenstich (siehe Seite 22) häkeln. In Hellgrau meliert 19 Lm anschl.
1. R: Ab der 2. Lm ab Häkelnd 18 fM häkeln, wenden.
2. R im Schlaufenstich: 1 Lm, die nächste fM übergehen, im Schlaufenstich 7 M häkeln, 2 fM übergehen, 6 M im Schlaufenstich häkeln, 2 M zusammen im Schlaufenstich abmaschen, wenden.
3. R: 1 Lm, 6 fM, 2 M zusammen abmaschen, 6 fM, wenden.
4. R im Schlaufenstich: 1 Lm, 6 M im Schlaufenstich häkeln, 1 fM übergehen, 6 M im Schlaufenstich.
Den Bart beenden. Die Schlaufen aufschneiden.

Schwierigkeitsgrad 3

Größe

Ca. 12,5 cm

Material

» Schachenmayr Bravo (LL 133 m/ 50 g) in Melba (Fb 8322), Feuer (Fb 8221), Gelb (Fb 8210), Weiß (Fb 8224) und Hellgrau meliert (Fb 8295), je 50 g
» Häkelnadel 3,0 mm
» 1 Paar Sicherheitsaugen in Schwarz, ø 6 mm
» Füllwatte, 20 g

Umhang

In Weiß 17 Lm anschl.
1. R: Ab der 3. Lm ab Häkelnd 15 hStb häkeln, wenden.
2. R: 2 Lm, 15 hStb, wenden.
3. R: 2 Lm, jedes 2. und 3. hStb zusammen abmaschen, wenden (= 10 hStb).

4. R: 2 Lm, 10 hStb, wenden.
5. R: 2 Lm, jedes hStb verdoppeln, wenden (= 20 hStb).
6. R: 2 Lm, jedes 2. hStb verdoppeln, wenden (= 30 hStb).
7.-10. R: 2 Lm, 30 hStb, wenden.
Den Umhang beenden.

Bänder für Umhang

In Weiß 35 Lm anschl und beenden.

Krone

In Gelb 20 Lm anschl.
1. R: Ab der 3. Lm ab Häkelnd 18 Stb häkeln, wenden.
2. R: 1 Lm, 1 Km in das 1. Stb der Vor-Rd, dann * 3 Lm, 1 Km in dasselbe Stb der Vor-Rd, je 1 Km in die nächsten 3 Stb, ab * noch 5x wdh, mit 1 Km in die 1.Km der R zur Rd schließen. Die Krone beenden.

Fertigstellen

Kopf und Körper zusammennähen. Die Arme seitlich an den Körper nähen. Die Haare auf den Kopf nähen, die Kettmasche markiert die Mitte der Stirn. Mit Melba die Nase zwischen den Augen aufsticken (siehe Seite 27). Den Bart auf das Gesicht unterhalb der Nase annähen. Die Bänder zwischen der 3. und 4. Rd des Umhangs einziehen. Den Umhang um den Hals binden. Die Krone auf den Kopf nähen. Den Herzknopf mit farblich passendem Nähgarn am Po der Figur annähen und ein Label nach Wahl daran befestigen.

Kamel

Schwierigkeitsgrad 1

Größe

ca. 9 cm hoch

Material

» Schachenmayr Bravo (LL 133 m/ 50 g) in Beige (Fb 8312), 50 g, und in Sisal meliert (Fb 8267), Rest

» Häkelnadel 3,0 mm

» 1 Paar Sicherheitsaugen in Schwarz, ø 6 mm

» Füllwatte, 25 g

Anleitung

Alle Teile, bis auf den Schwanz, in Spiralrd arb.

Kopf

1. Rd (Beige): 6 fM in einen Fadenring arb.
2. Rd: Jede fM verdoppeln (= 12 fM).
3. Rd: Jede 2. fM verdoppeln (= 18 fM).
4. Rd: Jede 3. fM verdoppeln (= 24 fM).
5. Rd: Ohne Zunahmen fM häkeln.
6. Rd: Jede 4. fM verdoppeln (= 30 fM).
7.-10. Rd: Ohne Zunahmen fM häkeln.
11. Rd: Jede 4. und 5. fM zusammen abmaschen (= 24 fM).
12. Rd: Jede 3. und 4. fM zusammen abmaschen (= 18 fM).
13.-16. Rd: Ohne Abnahmen in Rd häkeln.
Die Sicherheitsaugen mit 2-3 M Abstand zwischen der 13. und 14. Rd anbringen.
17. Rd: Jede 2. und 3. M zusammen abmaschen (= 12 fM).
Den Kopf nun stopfen.
18. Rd: Je 2 fM zusammen abmaschen (= 6 fM).
Den Kopf beenden. Das Loch am unteren Ende mit dem Restfaden schließen.

Ohren (2x)

1. Rd (Beige): 4 fM in einen Fadenring arb.
2. Rd: Jede 2. fM verdoppeln (= 6 fM).
3.+4. Rd: Ohne Zunahmen fM häkeln.
Das Ohr beenden, nicht stopfen.

Körper

1. Rd (Beige): 6 fM in einen Fadenring arb.
2. Rd: Jede fM verdoppeln (= 12 fM).
3. Rd: Jede 2. fM verdoppeln (= 18 fM).
4. Rd: 8 fM, 3x die nächste fM verdoppeln, 7 fM (= 21 fM).
5. Rd: 9 fM, 4x die nächste fM verdoppeln, 8 fM (= 25 fM).
6. Rd: 12 fM, 2x die nächste fM verdoppeln, 11 fM (= 27 fM).
7. Rd: 13 fM, 2x die nächste fM verdoppeln, 12 fM (= 29 fM).
8. Rd: Ohne Zunahmen fM häkeln.
9. Rd: 13 fM, 2x die nächsten 2 fM zusammen abmaschen, 12 fM (= 27 fM).
10. Rd: 12 fM, 2x die nächsten 2 fM zusammen abmaschen, 11 fM (= 25 fM).
11. Rd: 11 fM, 2x die nächsten 2 fM zusammen abmaschen, 10 fM (= 23 fM).
12. Rd: 8 fM, 4x die nächsten 2 fM zusammen abmaschen, 7 fM (= 19 fM).
13. Rd: 6 fM, 4x die nächsten 2 fM zusammen abmaschen, 5 fM (= 15 fM).
14. Rd: 6 fM, 4x die nächste fM verdoppeln, 5 fM (= 19 fM).
15. Rd: 8 fM, 4x die nächste fM verdoppeln, 7 fM (= 23 fM).
16. Rd: 11 fM, 2x die nächste fM verdoppeln, 10 fM (= 25 fM).

17. Rd: 12 fM, 2x die nächste fM verdoppeln, 11 fM (= 27 fM).
18. Rd: 13 fM, 2x die nächste fM verdoppeln, 12 fM (= 29 fM).
Den Körper nun stopfen.
19. Rd: Ohne Zunahmen fM häkeln.
20. Rd: 13 fM, 2x die nächsten 2 fM zusammen abmaschen, 12 fM (= 27 fM).
21. Rd: 12 fM, 2x die nächsten 2 fM zusammen abmaschen, 11 fM (= 25 fM).
22. Rd: 11 fM, 2x die nächsten 2 fM zusammen abmaschen, 10 fM (= 23 fM).
23. Rd: 8 fM, 4x die nächsten 2 fM zusammen abmaschen, 7 fM (= 19 fM).
24. Rd: 6 fM, 4x die nächsten 2 fM zusammen abmaschen, 5 fM (= 15 fM).
Den Körper nun noch einmal stopfen.
25. Rd: Jede 4. und 5. M zusammen abmaschen (= 12 fM).
26. Rd: Jede 5. und 6. M zusammen abmaschen (= 10 fM).
27. Rd: Ohne Abnahmen fM häkeln.
28. Rd: 4 fM, 3 Km, 3 fM (= 10 M).
29. Rd: 10 fM häkeln (= 10 fM).
30. Rd: 4 fM, 3 Km, 3 fM (= 10 fM).
31. Rd: 10 fM häkeln (= 10 fM).
Den Hals beenden, fest stopfen und genügend Faden lassen für später.

Beine (4x)

1. Rd (Beige): 6 fM in einen Fadenring arb.
2. Rd: Jede fM verdoppeln (= 12 fM).
3. Rd: Ohne Zunahmen fM häkeln.
4. Rd: 3 fM, 3x die nächsten 2 fM zusammen abmaschen, 3 fM (= 9 fM).
5.-7. Rd: Ohne Abnahmen fM häkeln.
8. Rd: 2 fM zusammen abmaschen, 7 fM (= 8 fM).
9. Rd: Ohne Abnahmen fM häkeln.
10. Rd: 6 fM, 2 M zusammen abmaschen (= 7 fM).
Zwischendurch immer mal das Bein stopfen.
Das Bein beenden.

Schwanz

In Beige 7 Lm anschl. Ab der 2. Lm ab Häkelnd 6 fM häkeln.
Den Schwanz beenden und genug Faden zum Annähen lassen.
In Sisal meliert 4 Fäden à 5 cm Länge abschneiden, einzeln durch das Schwanzende fädeln und festziehen. Auf die gewünschte Länge stutzen.

Fertigstellen

Die Ohren seitlich in Höhe der 16. Rd an den Kopf nähen. Den Kopf auf den Hals setzen und provisorisch feststecken. Die Beine unter den Körper nähen, dabei mit dem Kopf so ausbalancieren, dass das Kamel alleine stehen kann. Nun erst den Kopf festnähen. Den Schwanz hinten auf den Körper nähen. In Sisal meliert die Nüstern vorne auf den Kopf sticken.
Den Herzknopf mit farblich passendem Nähgarn am Po des Tieres annähen und ein Label nach Wahl daran befestigen.

So wird's gemacht

Der Fadenring

1 Den Faden von rechts einmal um den Zeigefinger und weiter einmal um den Daumen der linken Hand wickeln. Zwischen Daumen und Zeigefinger ist der Faden gespannt.

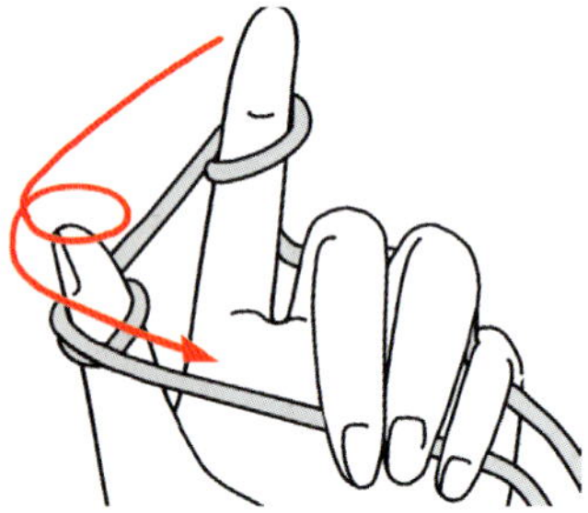

2 Mit der Häkelnadel unter den Faden am Daumen stechen und den Faden, der zum Zeigefinger führt, als Schlaufe durchziehen.

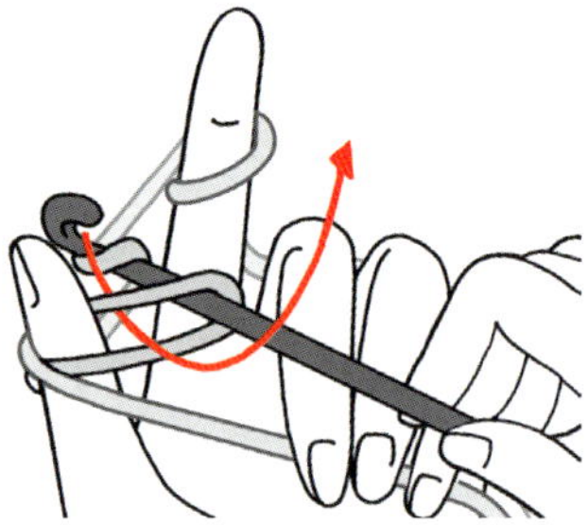

3 Aus der Schlaufe 1 Luftmasche häkeln.

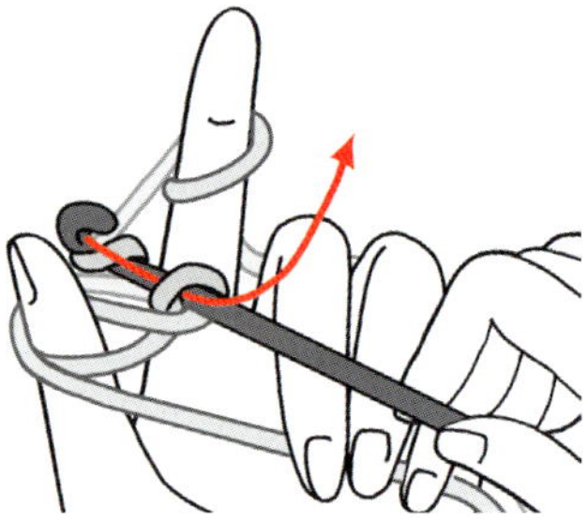

4 Um feste Maschen in den Fadenring zu häkeln, den Faden erneut als Schlaufe durchziehen …

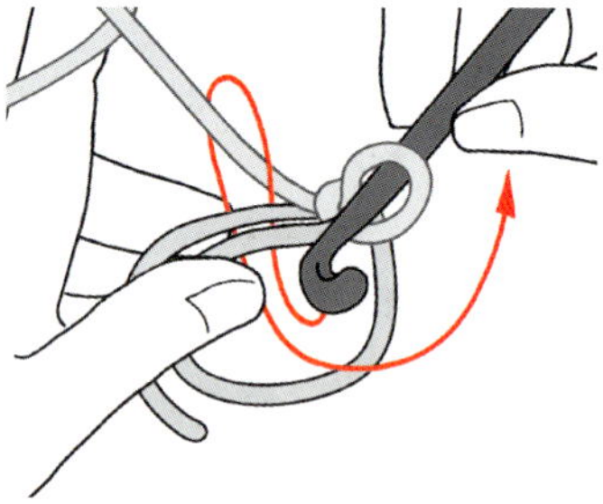

5 … und aus beiden Schlaufen 1 feste Masche häkeln. Werden Stäbchen in den Ring gehäkelt, aus der Schlaufe 3 Luftmaschen häkeln und anschließend die benötigte Anzahl der Stäbchen in den Ring arbeiten.

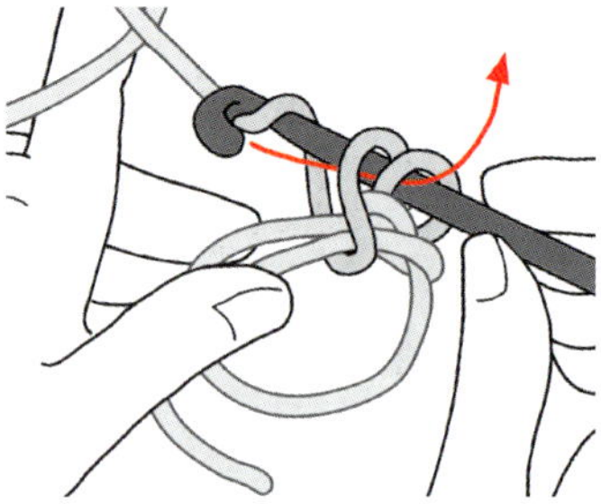

6 Haben Sie die benötigte Anzahl an Maschen gehäkelt, am losen Faden ziehen, um den Ring zusammenzuziehen. Danach den Fadenring mit 1 Kettmasche schließen.

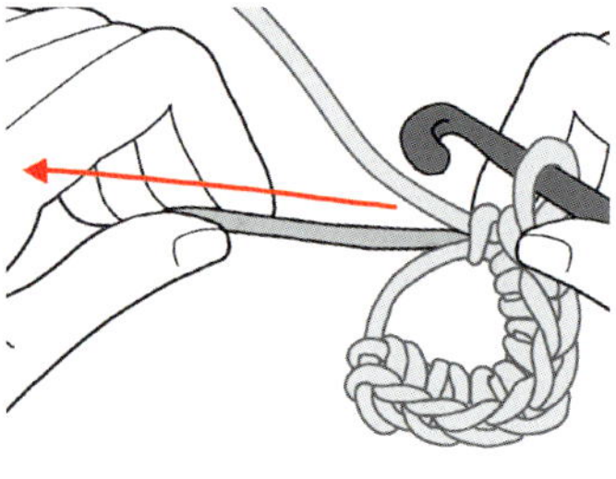

Luftmaschen anschlagen

Bevor Sie mit dem Häkeln beginnen, bilden Sie eine Anfangsschlinge.

1 Klemmen Sie den Faden zwischen kleinen und Ringfinger und führen Sie ihn hinter dem Mittelfinger entlang. Nun den Faden um den Zeigefinger legen …

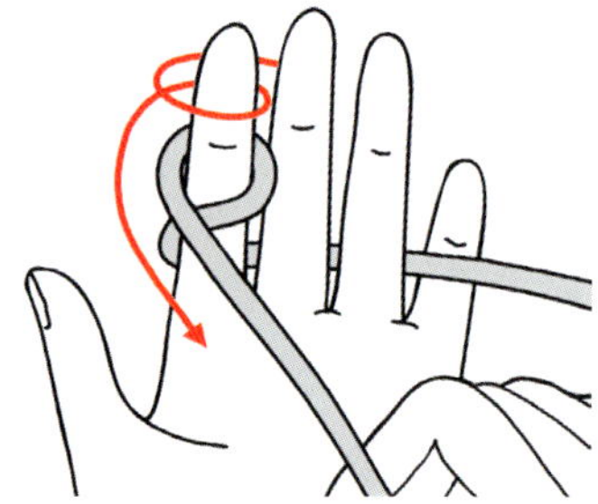

2 … und um den Daumen schlingen. Das Fadenende liegt in der Hand.

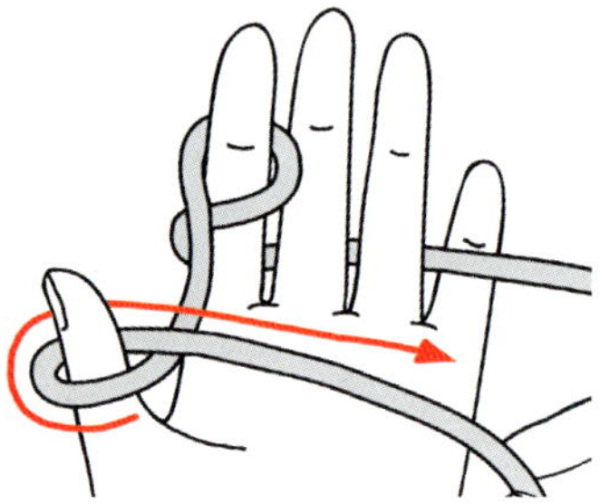

3 Nun nehmen Sie die Nadel und holen den Faden vom Zeigefinger durch die Daumenschlinge. Dann den Daumen aus der Schlinge nehmen.

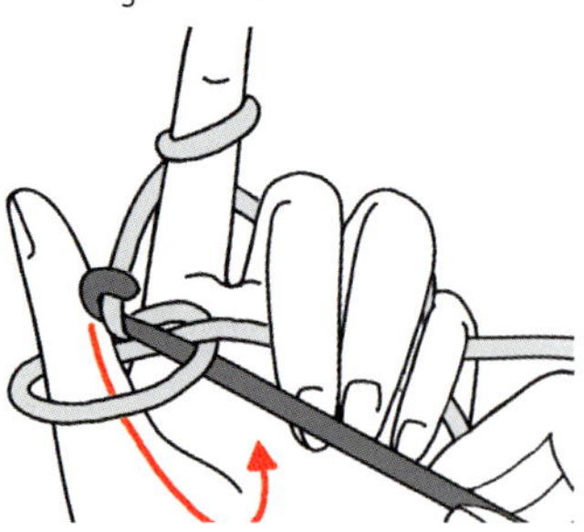

4 Schieben Sie den Daumen unter das Fadenende, welches Sie mit dem Mittel-, Ring- und dem kleinen Finger festhalten.

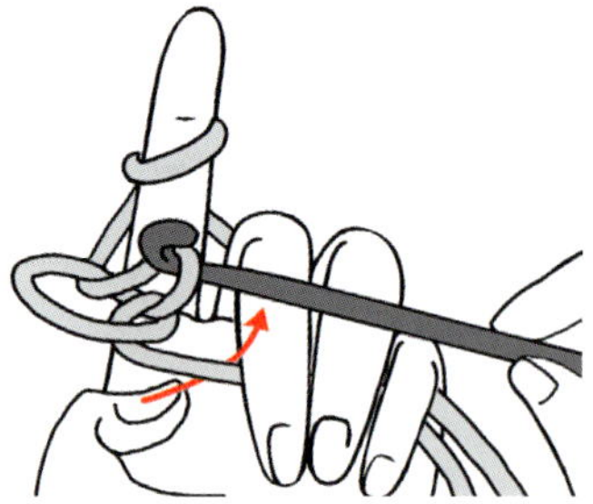

5 Dann Daumen und Zeigefinger spreizen und die Anfangsschlinge auf der Nadel festziehen. Sie sollte beweglich auf der Nadel liegen, jedoch nicht herunterrutschen.

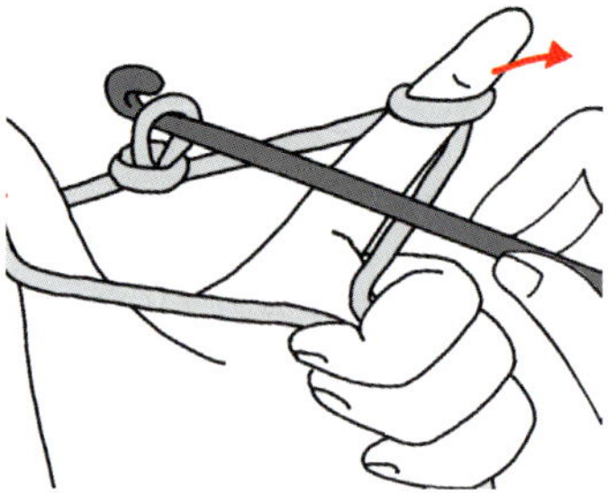

6 Um nun weitere Luftmaschen anzuschlagen, holen Sie mit der Nadel den Faden, der vom Zeigefinger kommt, und ziehen ihn durch die Schlinge auf der Nadel. So entsteht eine Luftmaschenkette.

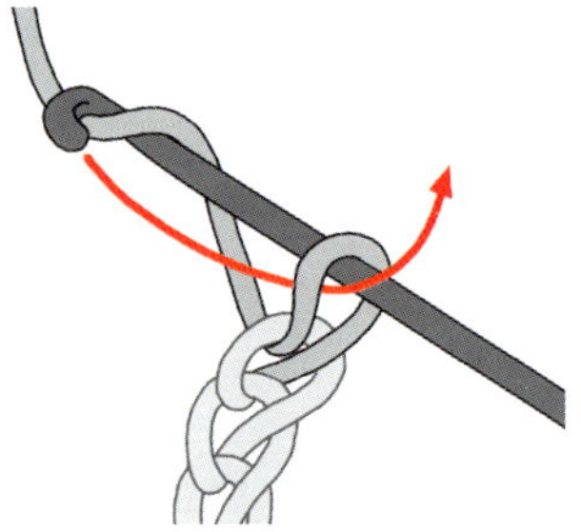

Feste Maschen

1 Stechen Sie mit der Häkelnadel in die zweite Luftmasche von der Nadel aus ein und holen Sie den Faden, indem Sie ihn von hinten nach vorne mit der Nadel erfassen...

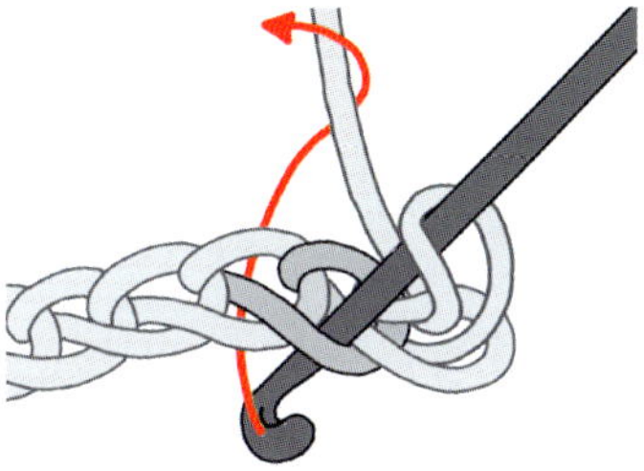

2 ...und ihn durch die Luftmasche ziehen. Jetzt liegen 2 Schlingen auf der Nadel.

3 Holen Sie nun noch einmal den Faden (von hinten nach vorne) und ziehen ihn durch beide Schlingen.

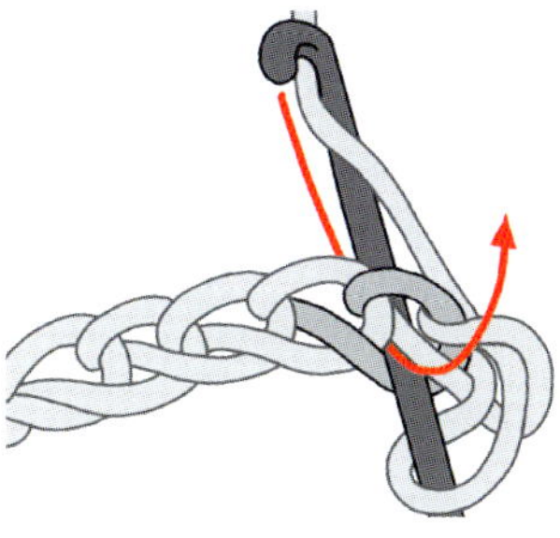

4 Nun stechen Sie in die nächste Luftmasche und wiederholen die Schritte.

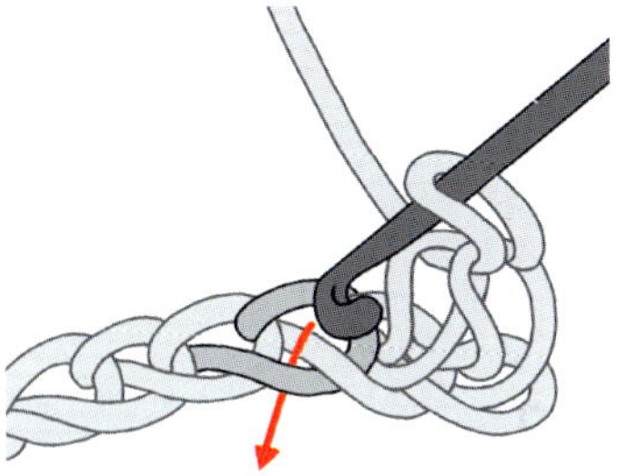

5 Werden feste Maschen in Reihen gehäkelt, muss die Arbeit nach jeder Reihe gewendet werden. Am Reihenanfang immer zunächst 1 Wende-Luftmasche häkeln. Dann in die nächste Masche der vorangegangenen Reihe einstechen und weiter feste Maschen häkeln.

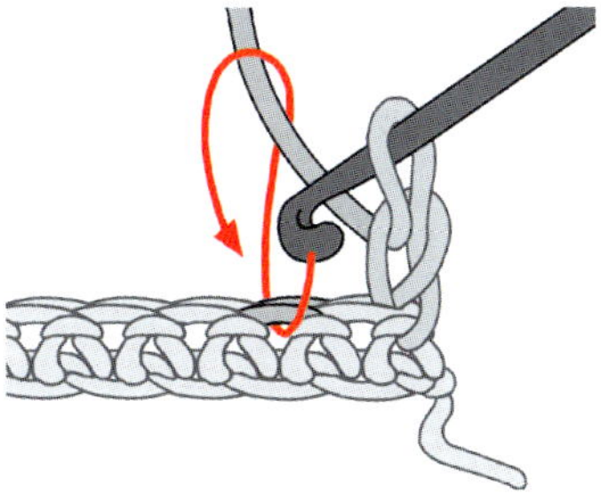

Stäbchen

1 Um ein Stäbchen zu häkeln, den Faden um die Nadel legen und in die nächste Masche der Vorreihe einstechen. Nun den Faden durch die Masche holen. Es befinden sich jetzt 3 Schlingen auf der Nadel.

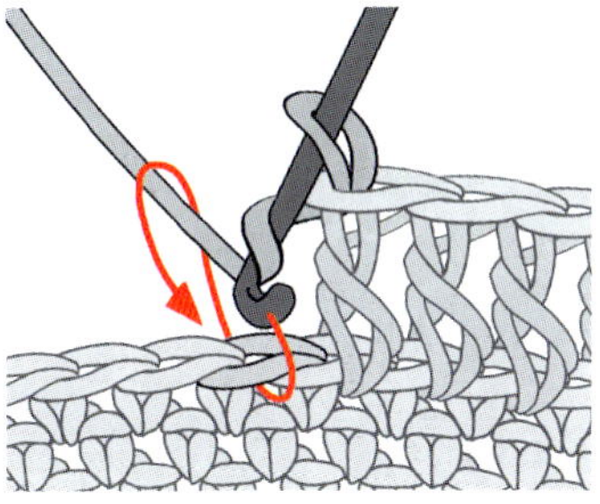

2 Den Faden holen und durch 2 der 3 Schlingen ziehen.

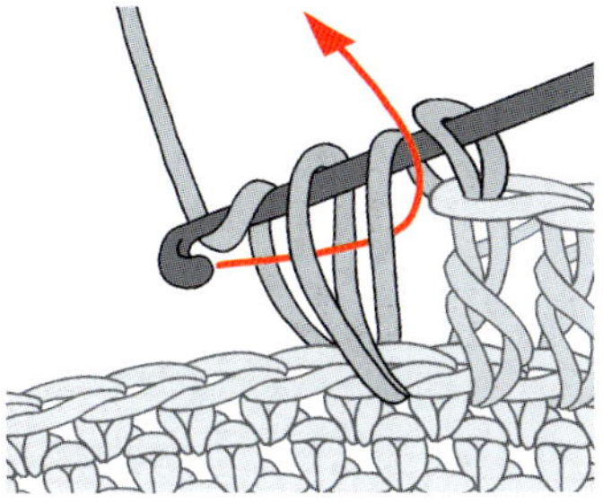

3 Es liegen jetzt 2 Schlingen auf der Nadel. Nun den Faden wieder holen und durch die beiden Schlingen ziehen.

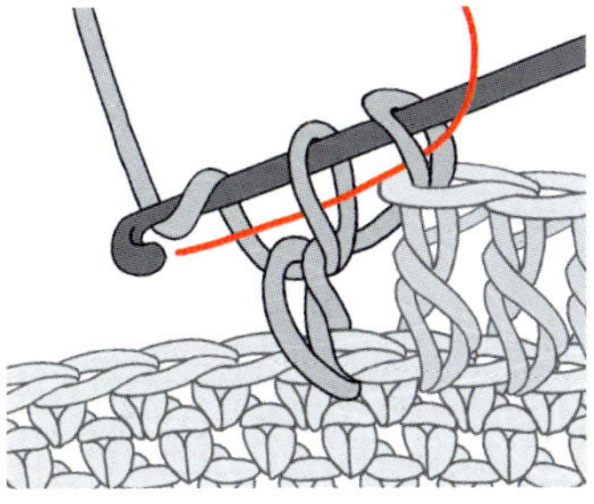

Halbe Stäbchen

1 Für ein halbes Stäbchen zunächst den Faden einmal um die Nadel schlingen, dann in die nächste Masche einstechen und den Faden durchholen.

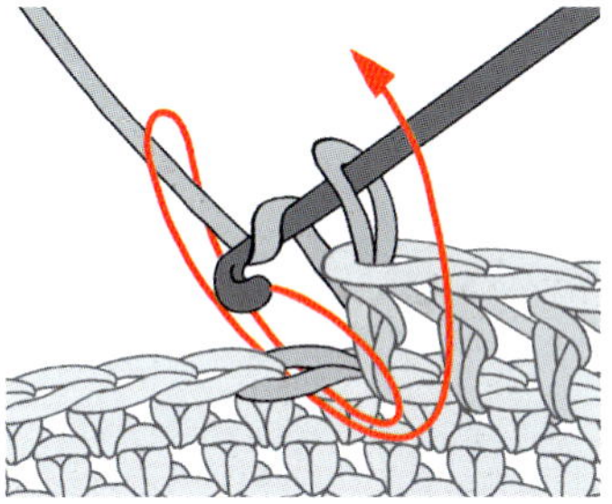

2 Es liegen nun 3 Schlingen auf der Nadel. Den Faden erneut holen und durch alle 3 Schlingen ziehen.

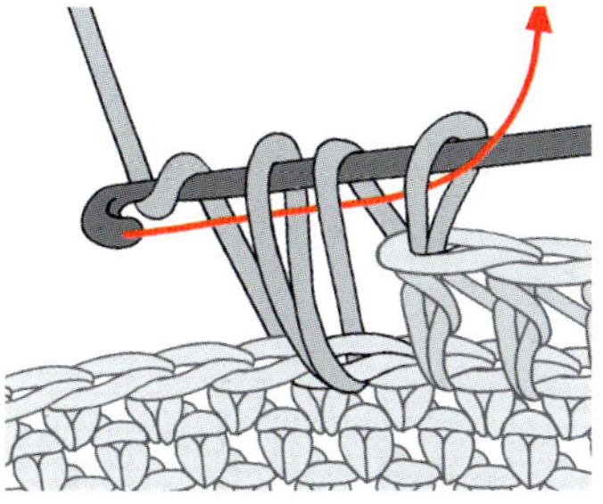

Doppelte Stäbchen

1 Den Faden zweimal um die Nadel legen (statt wie beim einfachen Stäbchen nur einmal) und durch die nächste Masche der Vorreihe ziehen.

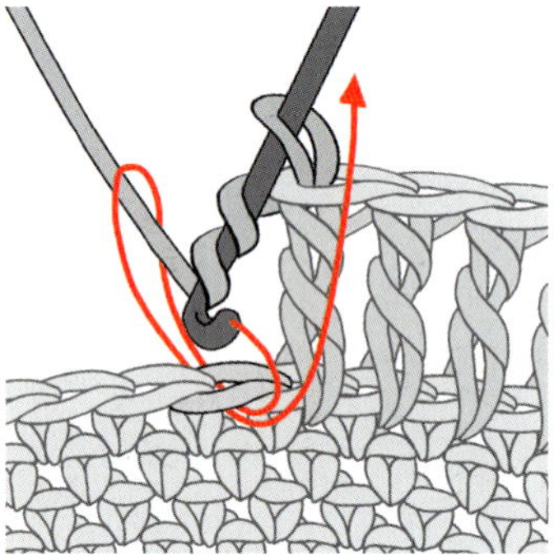

2 Es liegen nun 4 Schlingen auf der Nadel. Den Faden wieder holen und durch die ersten beiden Schlingen ziehen.

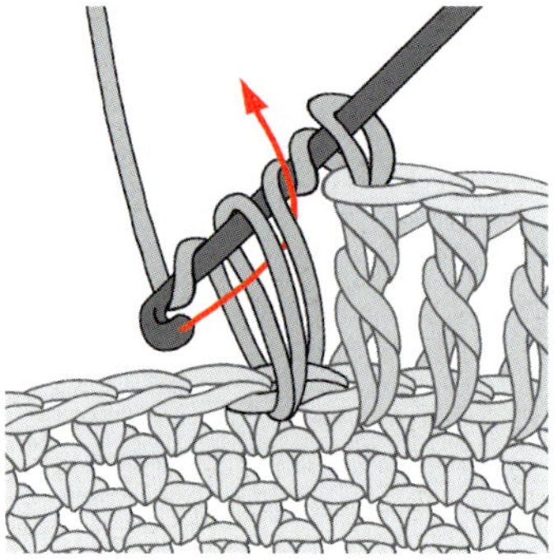

3 Es liegen noch 3 Schlingen auf der Nadel. Den Faden erneut holen und durch 2 der 3 Schlingen ziehen.

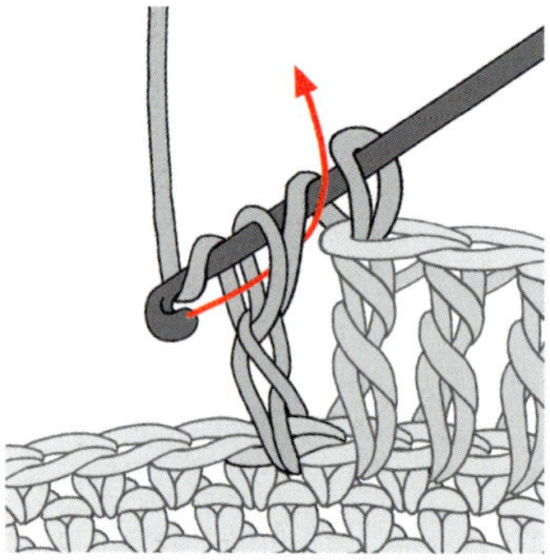

4 Es liegen nun noch 2 Schlingen auf der Nadel. Nun zuletzt den Faden holen und durch diese letzten beiden Schlingen ziehen.

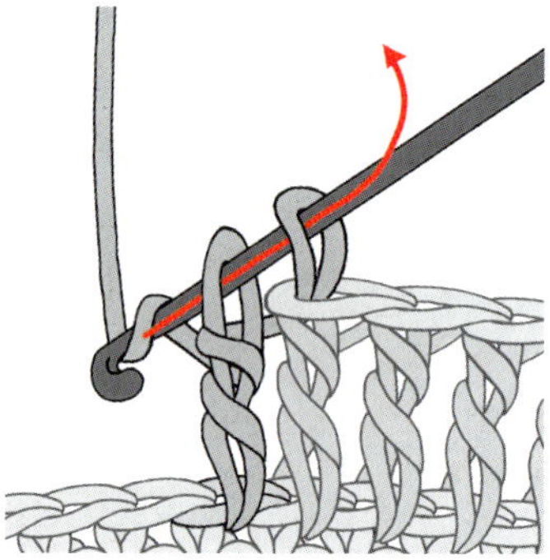

Spiralrunden häkeln

1 Feste Maschen in den Fadenring häkeln.

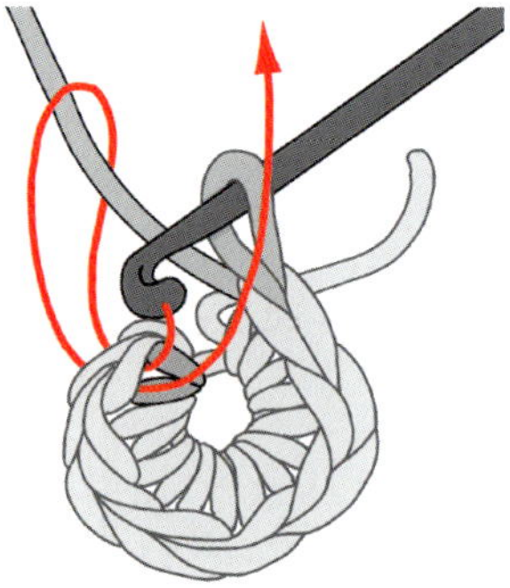

2 Zwischen die letzte Masche der 1. Runde und die 1. Masche der nächsten Runde einen Kontrastfaden legen, um den Rundenanfang zu markieren.

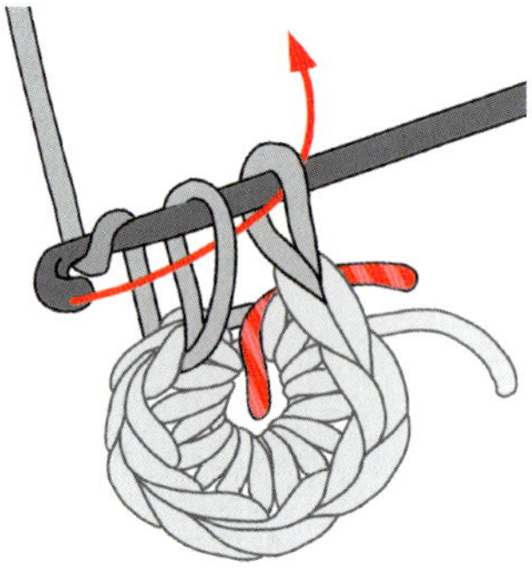

HINWEIS: Es empfiehlt sich, in regelmäßigen Abständen weitere Kontrastfäden einzulegen. Dies erleichtert das Abzählen der Runden.

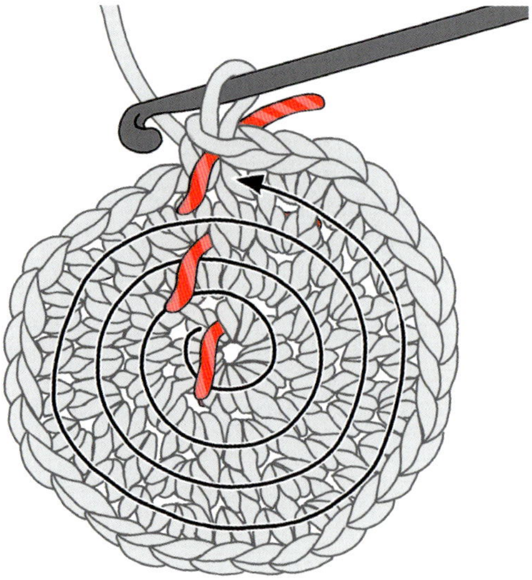

Luftmaschen zum Kreis verbinden

Um eine Luftmaschenkette zu einem Kreis zu schließen, stechen Sie mit der Nadel in die erste Luftmasche ein, holen den Faden und ziehen ihn durch die Luftmasche und die Schlinge auf der Nadel.

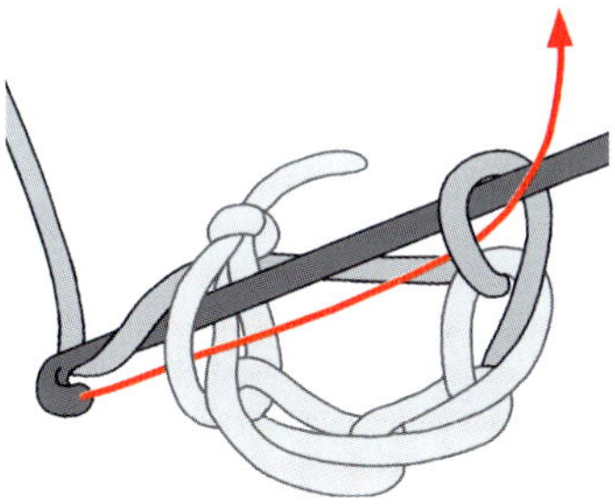

Maschen verdoppeln

Sollen einzelne Maschen zugenommen werden, wird eine bereits gehäkelte Masche „verdoppelt“, d. h., in die Einstichstelle der zuletzt gehäkelten Masche wird eine 2. Masche gehäkelt. Alle Arten von Maschen können so zugenommen werden. Diese Zunahme kann in Runden und in Reihen erfolgen. Die Maschenzahl vergrößert sich um 1 Masche.

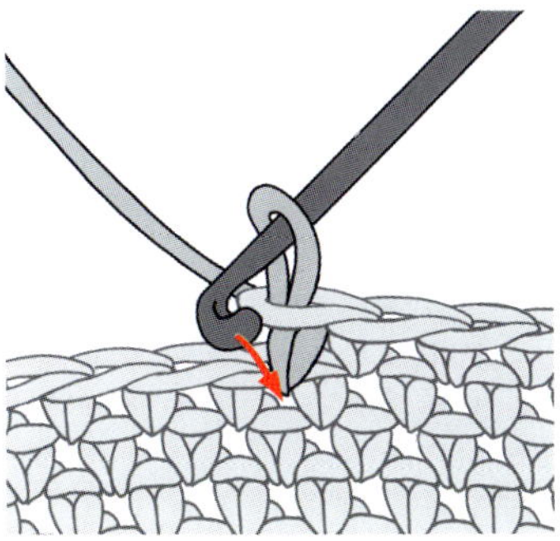

Maschen abnehmen

Soll die Häkelarbeit kleiner oder enger werden, müssen Maschen abgenommen werden.

ZWEI FESTE MASCHEN ZUSAMMEN ABMASCHEN

1 Sollen 2 feste Maschen abgenommen werden, für jede feste Masche je 1 Schlinge auf die Nadel holen.

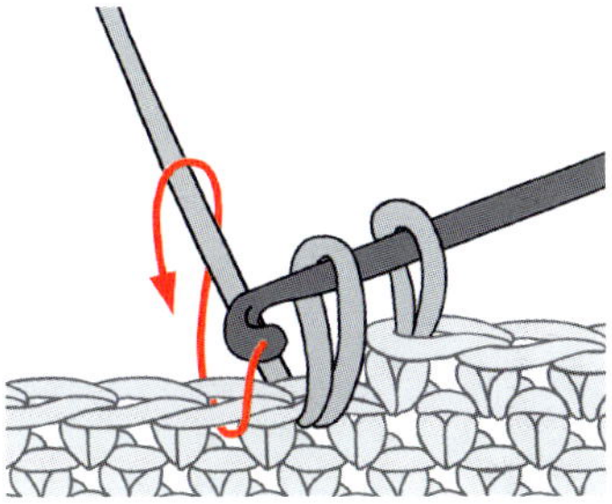

2 Anschließend den Faden holen und durch alle auf der Nadel befindlichen Schlingen ziehen. Die Maschenzahl verringert sich um 1 Masche.

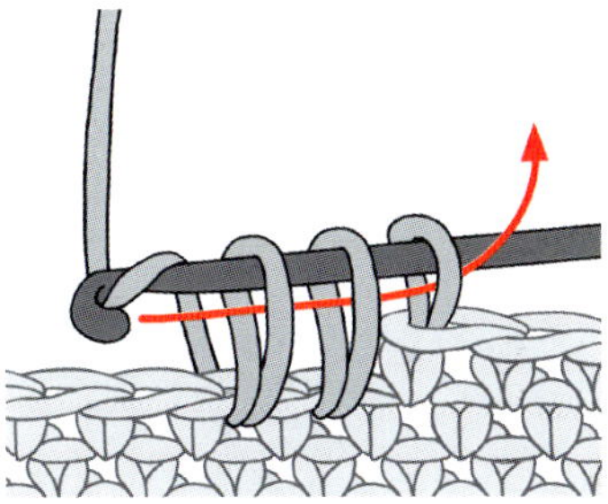

ABNAHME BEI STÄBCHEN

Zum Abnehmen von Stäbchen können Maschen ausgelassen werden. Dazu nicht in jede Masche ein Stäbchen häkeln, sondern immer 1 Masche überspringen.

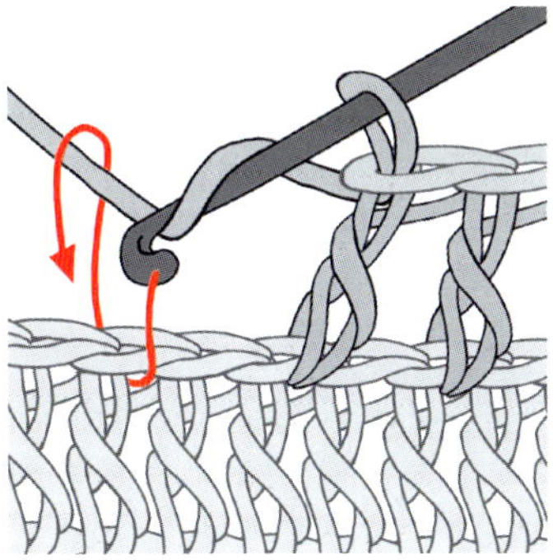

ZWEI STÄBCHEN ZUSAMMEN ABMASCHEN

Zuerst das 1. Stäbchen zur Hälfte abmaschen. Es liegen 2 Schlingen auf der Nadel. Anschließend das zweite Stäbchen häkeln und dieses ebenfalls nur zur Hälfte abmaschen. Es liegen 3 Schlingen auf der Nadel. Nun mit einem neuen Umschlag alle 3 Schlingen abmaschen. Auf diese Weise verringert sich die Maschenzahl um 1 Masche.

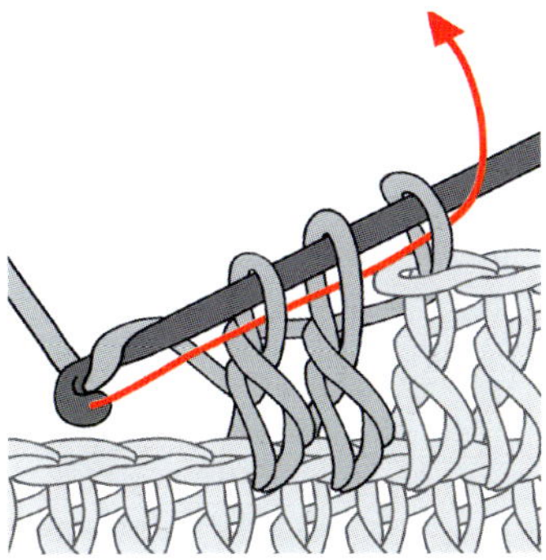

Farbwechsel

Um für ein Streifenmuster die Farbe zu wechseln, bei der letzten festen Masche der Vorreihe den Faden der alten Farbe mit einem Umschlag durchholen, sodass 2 Schlingen auf der Nadel liegen. Diese beiden Schlingen mit dem Garn in der neuen Farbe abmaschen. Die letzte feste Masche ist so komplett in der alten Farbe gehäkelt, die Schlinge auf der Nadel hat bereits die neue Farbe.

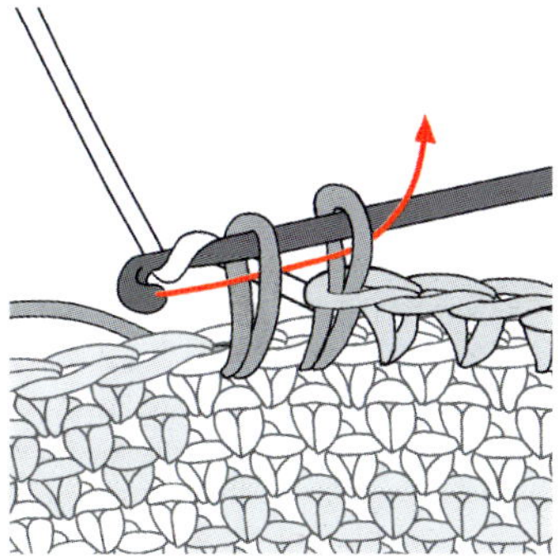

Nach dem überwältigen Erfolg der „Wollowbies“ wurde ich oft gefragt, wie ich das denn alles schaffe: Familie mit Kleinkind, Arbeit und Haushalt, Feuerwehr und Bücher schreiben. Mein Tag müsse ja 48 Stunden haben für das, was ich da alles täte. Ganz ehrlich, manchmal weiß ich es selber nicht, wie ich das alles unter einen Hut bekomme. Doch eines weiß ich sicher:
Ohne meinen Mann Jürgen würde ich nichts von alledem schaffen. Er hält mir den Rücken frei und unterstützt mich von Anfang an, ohne zu murren oder zu klagen, wenn die Küche mal wieder kalt bleibt oder die Bügelwäsche sich türmt.
Dafür möchte ich dir, Jürgen, von Herzen danken. Danke für dein Verständnis, deine Ruhe und deine Unterstützung. Danke dafür, dass du mit Jonas im Kinderwagen die Umgebung abwanderst, damit ich die Ruhe zum Häkeln und Schreiben habe. Danke für deine Ratschläge und dein Interesse an den Büchern, auch wenn du keine Ahnung von Wolle hast und du dich manchmal wunderst, welche Wege meine Recherchen für die Figuren gehen. Ohne dich würde ich diesen Text hier nicht schreiben können, denn dann gäbe es die beiden Bücher nicht. Dies hier ist nicht nur mein Verdienst, es ist auch deiner. Danke dafür, dass ich meinen Traum wahrmachen darf.

Besucht mich gerne auf meinem Blog janagurumi.blogspot.com.

HILFESTELLUNG ZU ALLEN FRAGEN, DIE MATERIALIEN UND KREATIVBÜCHER BETREFFEN: FRAU ERIKA NOLL BERÄT SIE.
RUFEN SIE AN: 05052/91 18 58*

*normale Telefongebühren

DANKE!
Wir danken der Firma Coats für die Unterstützung bei diesem Buch:
Coats GmbH Kenzingen
www.schachenmayr.com
www.coatsgmbh.de

MODELLE UND ANLEITUNGEN: Jana Ganseforth
PROJEKTMANAGEMENT: Judith Wiedemann
LEKTORAT: Idis Eisentraut, Hamburg
FOTOS: frechverlag GmbH, 70499 Stuttgart; lichtpunkt, Eva Klingler, Stuttgart
ILLUSTRATIONEN: schwab:illustrationen, Ursula Schwab, Haselund
TEXTE: Sabine Hausmann, Aachen
LAYOUT: Petra Theilfarth
DRUCK UND BINDUNG: Livonia Print SIA, Lettland

1. Auflage 2015

ISBN 978-3-7724-6418-8 • Best.-Nr. 6418